# LO QUE NUNCA
## TE CONTARON DE LAS
# REDES SOCIALES

TRAMPA MORTAL PARA LAS MARCAS

**PRESIDENTEX**
SENIOR WISDOM

Agustín Medina, Francisco José González, Fernando Herrero, Juan Ramón Plana

PRÓLOGO DE AGUSTÍN ELBAILE

# LO QUE NUNCA
## TE CONTARON DE LAS
# REDES SOCIALES

## TRAMPA MORTAL PARA LAS MARCAS

COORDINADOR: FERNANDO MONTAÑÉS

## EDICIONES PIRÁMIDE

COLECCIÓN «EMPRESA Y GESTIÓN»

Diseño de cubierta: Gonzalo Medina

Imagen de cubierta: Zelfit/iStockphoto/Getty Images

Ediciones Pirámide se compromete con el medio ambiente reduciendo la huella de carbono de sus libros.

PAPEL DE FIBRA
CERTIFICADA

© PRESIDENTEX: Agustín Medina, Francisco José González, Fernando Herrero y Juan Ramón Plana
    Coordinador: Fernando Montañés
© Ediciones Pirámide (Grupo Anaya, S. A.), 2025
Valentín Beato, 21. 28037 Madrid
Teléfono: 91 393 89 89
www.edicionespiramide.es
Depósito legal: M. 2.855-2025
ISBN: 978-84-368-5065-9
Printed in Spain

# ÍNDICE

# PRÓLOGO

Era un 21 de marzo del 2006, la primavera estallaba en San Francisco, cuando, a las 12:50 p.m., Jack Dorsey publicaba el primer tuit de la historia: *Just setting up my twttr*, algo así como «Terminando de configurar mi twttr».

El nuevo mundo de las redes sociales acogía a un nuevo hijo bajo la atenta mirada de «papá Facebook» y «mamá Youtube», que, en los dos años precedentes, habían irrumpido en nuestras vidas, en nuestras costumbres, en nuestra intimidad y en nuestras neuronas.

Desde aquel lejano 4 de febrero de 2004, cuando Facebook se presentaba en sociedad, hasta marzo de 2006, donde el pajarito azul lanzaba el primer trino, no habían pasado ni 1.000 días, y la humanidad había cambiado más que en 1.000 años.

Cuando Twitter se presenta en sociedad, lo hace con una campaña cuyo eslogan es: «¿Qué estás haciendo?»; una simple cuestión dirigida al consumidor, que inmediatamente nos cuenta si está tomando un café, las millas que ha hecho en su trote matinal o el libro que se acaba de comprar siguiendo la recomendación de algún *ranking* sin garantía de nada.

Hoy, 20 años después, la familia ha crecido: los hijos pequeños, Instagram y TikTok, han mostrado su rebeldía con papá y mamá, han aireado su poder mesiánico de captación y han hecho que, el hijo mayor, Twitter, haya mutado su nombre a una misteriosa «X», que sugiere más lo prohibido que lo público.

El artífice de este cambio es un visionario que, contemplando el inmenso poder de las redes sociales, irrumpe en ellas a golpe de talonario y pide cartas en la partida del «Gran Casino de las Comunicaciones».

Elon Musk deja atrás el eslogan «¿Qué estás haciendo?» y presenta a «X» como «Lo que está pasando».

No le importa nada si tomamos café y dónde. No le interesa nada si corremos 5 km cada mañana. Y qué más le da el libro que estamos leyendo…

Su objetivo es retar a los «Legacy Media», los medios de información clásicos, empoderando al consumidor con una sentencia que pone los pelos de punta: «Vosotros sois los medios ahora».

Esta sentencia, escrita en su Twitter en noviembre de 2024 y aplaudida por sus más de 200 millones de seguidores, es el *quid* de la cuestión cuando el consumidor final no tan solo se transforma en sagaz periodista, sino cuando los más avezados levantan la bandera creativa de la más avanzada comunicación publicitaria.

Todos llevamos un entrenador de fútbol en el alma, todos nos sentimos presidentes de gobierno en un momento dado y, ¡cómo no!, somos los mejores creativos publicitarios con un móvil en la mano y unos seguidores jaleándonos.

No se nos reconoce por la eficacia de nuestra comunicación medida en ventas o notoriedad de marca, no se tiene en cuenta nuestra solvencia profesional, que marca una trayectoria, no, simplemente, el mérito es ser alguien influyente en un pequeño ecosistema de atolondrados seguidores que creerán fanáticamente que aquel pintalabios es el mejor, que aquella dieta es única o que aquel palo de golf nos hará invencibles en el circuito americano.

Hay demasiada marca hipnotizada por la luz de las redes, mientras sus valores, su posicionamiento y su percepción se disuelven como un azucarillo.

Hay demasiados gigantes de la comunicación mundial que, abanderando la innovación en la comunicación publicitaria de las redes, se miran a los pies y ven barro en vez de charol.

Hay demasiado postureo en las tomas de decisiones de las marcas frente a las recomendaciones estratégicas del uso de los medios, obviando a los tradicionales y abrazando becerros de oro inmedibles.

Tanto es así, que los autores de este libro nos advierten del inmenso fraude de las audiencias (solo el 3 % de la inversión realizada en publicidad digital llega al *target real*), que puede superar, ya en fecha de hoy, al dinero que mueve el narcotráfico mundial.

Aprendimos de nuestros hijos a tomar yogur, aprendimos a amar la tónica mientras nos gustaba conducir y un ordenador nos enseñaba a pensar diferente.

Ya era primavera cuando lo decía un gran almacén, teníamos la piel sana gracias a un gel y supimos que las naranjas no tenían burbujas, mientras comprábamos ese perfume, porque nosotros lo valíamos…

Todas ellas, grandes marcas.

Todas ellas, demoledoras estrategias de la innovación en el posicionamiento de la comunicación publicitaria.

Todas ellas, sólidas y fundamentadas visiones de una marca, un *target* y un objetivo.

Todas ellas, ejemplos de no haber caído en la trampa de la red, entre otras cosas porque no la había, y cuando esto sucede, hay que medir muy bien el salto para no caer en el vacío.

Agustín Elbaile
Presidente de la Academia de la Publicidad

# 1
# EL MARKETING YA NO ES LO QUE ERA

## El marketing ha cambiado radicalmente desde el siglo xx

En Latinoamérica, el marketing se conoce como mercadotecnia, «técnicas de mercado», palabra que describe bien su función: las acciones que se llevan a cabo en el proceso de comercialización de los productos y servicios. Abarca desde investigar a los consumidores, los mercados, la competencia y las tendencias para crear los propios productos o servicios, hasta todos los procesos que deben seguirse para que estos lleguen finalmente a los compradores, pasando por el desarrollo de la marca, el diseño del *packaging*, la fijación de los precios, la elección, el desarrollo y el y mantenimiento de los canales de distribución, la publicidad y la comunicación comercial, las promociones y las actividades de *merchandising* en los puntos de venta, el marketing digital...

El marketing integra innumerables estrategias a corto, medio y largo plazo, así como las tácticas puntuales para adaptarse y aprovechar los movimientos continuos del mercado. Por supuesto, siempre con el objetivo clave de cumplir con las expectativas de ventas de las empresas.

El marketing del siglo xx se estableció a partir de las famosas *4 Ps*, en inglés, *Product, Price, Place, Promotion*, que en español podemos entender como producto, precio, punto de venta (distribución) y publicidad/promoción. Son las claves de una época en la que el mercado de consumo parecía inquebrantable y las estrategias de marketing se basaban en un conjunto relativamente fijo de reglas. Pero ahora nos encontramos en un tiempo muy diferente, y esas técnicas que dominaron durante décadas parecen obsoletas y caducadas.

En estos tiempos los productos se han visto sustituidos por las marcas; Internet ha cambiado todo el mercado, las relaciones sociales y la comunicación; las nuevas tecnologías se desarrollan de forma imparable; los medios de comunicación se han transformado en algo diferente y cambiante, y los consumidores asumen un enorme protagonismo frente a la posición pasiva que tenían antes.

Estamos en un nuevo panorama que exige replantearlo todo, porque el marketing clásico es incapaz de abarcar y enfrentarse a los nuevos frentes: desde las sucesivas crisis económicas a escala planetaria, al abandono de las estrategias a medio y largo plazo para centrarse en las tácticas cortoplacistas. Todo esto ha contribuido a que el marketing pierda en gran medida el poder que había adquirido en los altos niveles de dirección de las compañías.

## Los primeros días del marketing

Como tantas disciplinas, el marketing nació de forma intuitiva sumando los aprendizajes prácticos de las empresas y profesionales que iban probando, introduciendo y experimentando novedades en el mercado. Reconocidos autores como Philip Kotler defienden que el marketing ha existido siempre, remontándose incluso a la serpiente del paraíso terrenal como la primera especialista en marketing al convencer a Eva para que vendiese la idea de comer la manzana a Adán.

Más allá de las historias bíblicas, hay bastante consenso en que los comienzos del marketing moderno están en la primera década del siglo xx en Estados Unidos, donde empezaron a impartirse cursos de distribución y ventas dirigidos a almacenistas y comerciantes.

Lo cierto es que la importancia de las marcas viene de algunas décadas atrás: hacia 1870 hubo una auténtica explosión de fabricantes registrando sus marcas para defenderlas de la competencia de los imitadores y que los consumidores valorasen la originalidad y diferenciación del producto «auténtico». Casi todas eran «firmas» del fabricante: Campbell, Procter & Gamble, Colgate Palmolive, H. J. Heinz, Eastman Kodak, Kelloggs, Levi Strauss... En 1871, en Estados Unidos había 212 marcas registradas. Cuatro años después, en 1875, se habían multiplicado por 10, hasta 1.138, sobre todo para proteger a los productos de las imitaciones.

Durante la mayor parte del siglo xx el marketing fue una actividad unidireccional: las empresas producían en masa y los consumidores, ansiosos y necesitados de productos básicos tras la escasez de la Segunda Guerra Mundial, compraban sin problemas lo que se ofrecía en el mercado. La oferta primaba sobre la demanda, pues se vendía prácticamente todo lo que se ponía a la venta. El marketing era entendido principalmente como el proceso para llevar productos a los consumidores: investigar mercados, producir productos y fijar precios, publicitarlos y distribuirlos.

Sus herramientas principales y más eficaces eran la publicidad y la promoción en los medios de masas, en los que el papel del consumidor se limitaba a ser un receptor pasivo de los mensajes comerciales. No existía una necesidad urgente de entender profundamente sus deseos o emociones, ya que el mercado estaba diseñado para responder a una oferta más que a una demanda sofisticada. Se vendía lo que se podía producir y, por lo general y salvo excepciones, los consumidores simplemente compraban lo que había.

El publicitario que encabezaba este planteamiento fue Rosser Reeves, presidente de la agencia Ted Bates, que a finales de los años cuarenta desarrolló la teoría de la USP *(Unique Selling Proposition)*. Suponía una gran evolución sobre el *Reason Why* de comienzos del siglo xx, que planteaba que la publicidad debía mostrar la «razón de por qué» se compra un producto en vez de otros similares.

Albert Lasker, John Kennedy y Claude Hopkins establecieron con el *Reason Why* un principio clave en la publicidad: «lo importante no es lo que un fabricante hace, sino lo que dice que hace» (Eguizábal, 1998). También fue importante la *Copy Strategy* de Procter & Gamble, que en la década de 1930 sentó muchas bases del marketing, centrada en hacer una proposición de compra sobre el beneficio del producto (Moliné, 2000), y creó las figuras de *product manager* y *brand manager,* desde entonces responsables en el anunciante del desarrollo de un producto y/o marca.

La USP de Roser Reeves daba un paso más con una «propuesta única de venta» centrada en un beneficio material y tangible que diferencia a un producto de todos los demás de su competencia. El beneficio debía ser racional, convincente, verosímil, concreto y basado en el producto, y ser comunicado con claridad y de manera repetitiva en todos los anuncios. La teoría, desarrollada en el libro *Reality in Advertisisng* (Reeves, 1961), sirvió de base durante décadas a muchas agencias de publicidad y a las estrategias de marketing de compañías tan relevantes como Procter & Gamble, Unilever, Johnson Wax, Henkel o Colgate, que lograron enormes éxitos con sus USP para marcas como Colgate, «el mal aliento combate», Ajax Pino, «con dicloroxilenol», el triple filtro de carbón activado de los cigarrillos Lark, o la lanolina del jabón Lux.

## La revolución de las marcas

A medida que avanzaba el siglo xx, el concepto de producto comenzó a transformarse en lo que se conoce como marca, un cambio catalizado por la transformación cultural de la sociedad de consumo que alteró por completo las reglas del juego. Las empresas empezaron a ser conscientes de la creciente importancia que tenía cómo los productos eran percibidos no solo por sus características físicas y materiales, sino por lo que representaban emocionalmente para los consumidores y el valor que estos les otorgaban.

Fue el cambio que obligó a replantear las estrategias de marketing. De pronto, la forma de comunicar el porqué de un producto se volvió tan importante como el qué se vendía. Y aunque la publicidad en los grandes medios de comunicación de masas encabezados por la televisión seguía siendo la herramienta principal para llevar esos mensajes al consumidor, la batalla ya no estaba solo y fundamentalmente en los estantes de los comercios, sino que se estaba trasladando progresivamente a la conquista de las mentes de las personas.

La investigación motivacional liderada por Ernest Dichter fue uno de los primeros pasos en la búsqueda de decisiones de los consumidores basadas más allá del producto y sus características puramente materiales y racionales. Así, para el jabón Ivory, planteó que la ducha o el baño podían ser una liberación psicológica además de higiénica, «Empiece fresco el día con Ivory y lave con él sus preocupaciones». El planteamiento era que muchas decisiones de los consumidores se rigen por motivaciones que no se controlan y no son conscientes; las personas se comportan irracionalmente y había que encontrar las razones de esos comportamientos.

Algunos autores como Vance Packard lo llevaron al extremo en el libro *Los persuasores ocultos* (Packard, 1957), que acusaba a los publicitarios de manipuladores asegurando que la publicidad subliminal podía ser capaz de hacer caer a los consumidores en la trampa sin ser siquiera conscientes de ello. En cualquier caso, muchos años después, el neuromarketing ha demostrado que la mayoría de las decisiones de compra se toman inicialmente de forma emocional, y luego el cerebro las procesa para racionalizarlas.

## ¿La muerte de las 4 Ps?

El marketing clásico de las *4 Ps* resultaba tan efectivo porque se centraba en los aspectos tangibles del producto: su precio, la distribución que lo hacía accesible para poder comprarlo, la publicidad y promoción que lo hacía conocido, valorado y preferible a otros similares y, por supuesto, el producto en sí mismo. La perspectiva era clara: el mercado es quien define lo que comprará y lo que no. Sin embargo, este modelo ha quedado obsoleto ante los nuevos desafíos que plantean las nuevas tecnologías, la globalización y unos consumidores mucho más informados y exigentes.

La clave y centro de atención de los mercados ha dejado de ser el producto para convertirse en las *personas,* esos seres humanos que ya no son simplemente receptores pasivos, sino actores críticos y fundamentales para la construcción de las marcas. El marketing moderno deja de centrarse únicamente en la lógica y la razón para adentrarse en el ámbito de lo intangible: la emoción, la experiencia y la identidad. Ya no basta con diferenciar un producto por sus características; se trata de crear una historia, una narrativa, una conexión emocional con el consumidor.

En este sentido es fundamental el papel de algunos grandes líderes de la conocida como «revolución creativa», encabezados por William Bernbach, David Ogilvy y Leo Burnett, que en las décadas de 1950 y 1960 apostaron por el valor de las marcas y la necesidad de conectar con los consumidores de forma emocional. Volkswagen, Avis, Levy's. Marlboro, Kellogg's, El gigante verde, Dove, Hathaway, Rolls-Royce y muchas otras marcas comenzaron a destacar con historias que trascendieron a los propios productos y servicios, y que conectaban íntimamente con los consumidores.

Por supuesto que ese cambio requería nuevos conocimientos y habilidades, pues el marketing ya no era esa ciencia casi exacta que se podía gestionar con los métodos y reglas tradicionales que casi garantizaban conseguir los resultados previstos. Hoy las empresas necesitan una visión global y un trabajo conjunto de todos sus diferentes departamentos para trabajar en una estrategia que implique a todo el personal en la creación de esa conexión emocional con el cliente.

## La crisis de las técnicas tradicionales

La televisión era el medio rey indiscutible que por primera vez en la historia permitía llegar a más del 90 % del público objetivo con impactantes mensajes audiovisuales, favoreciendo el conocimiento instantáneo de las nuevas marcas y el fortalecimiento de las ya establecidas. El alto coste de la publicidad en televisión era un filtro que calificaba al anunciante y los productos anunciados, destacando a los grandes, como Unilever, Johnson Wax o Procter & Gamble, que demostraban la eficacia del marketing y se convirtieron en el ejemplo a seguir por las empresas locales. Las agencias de publicidad crecieron internacionalmente abriendo oficinas por todo el mundo para seguir a sus clientes, y las redes de McCann-Erickson, J. Walter Thompson, Young @ Rubicam, Leo Burnett, DDB o Publicis llegaron a estar presentes en más de sesenta países.

Tras el gran crecimiento económico de la década de los años sesenta, en los setenta y ochenta la competencia se multiplica con infinidad de nuevas marcas. Toda acción suele tener su reacción, y las bases del marketing más clásico renacieron con la teoría del posicionamiento de Jack Trout y Al Ries, que llegan a afirmar: «la creatividad está muerta, el juego se llama posicionamiento». Su teoría planteaba crear una posición definida en la mente de los consumidores para un producto determinado, de manera que cuando surgiera la necesidad de comprar un producto se asociase con la empresa o la marca. Era un paso más allá de la USP, que miraba dentro del producto, para mirar dentro de la mente del consumidor. Y establecía cuatro posicionamientos básicos: el líder (Coca-Cola), el que lucha contra el líder (Pepsi), el nicho (Volvo y la seguridad) y el que intenta abrir una nueva categoría (Apple).

Los años ochenta fueron una década de oro de la publicidad en todo el mundo. La televisión alcanzó un poder de prescripción enorme, especialmente en España, con el monopolio de Televisión Española. Un solo *spot* en *prime time* un viernes por la noche podían verlo más de veinte millones de telespectadores, cuando hoy día la suma de todas las cadenas públicas, privadas, nacionales y autonómicas no supera los diecisiete millones de audiencia. Posiblemente la publicidad nunca volverá a tener la eficacia y el poder que logró en esa época, capaz de conseguir éxitos impresionantes en sectores y productos de todo tipo.

## Un punto de inflexión

La crisis económica de 1992 supuso un punto de inflexión cuando las empresas priorizaron mantener los niveles de las ventas a pesar del descenso general del consumo, obligando a los departamentos de marketing a realizar acciones tácticas promocionales de efecto inmediato y olvidarse de las estrategias a medio y largo plazo para cuidar y desarrollar la imagen de marca. La publicidad de imagen de marca, así como las inversiones en elementos estratégicos básicos, como la investigación de mercado y de los consumidores, decrecieron de manera alarmante con la excusa del recorte de gastos frente a las crisis. Y cuando terminaban los períodos de crisis, a muchos les resultaba casi imposible abandonar la espiral de ofertas y promociones en las que se habían sumido.

Puede decirse que el marketing estratégico de los años setenta y ochenta dio paso en los noventa a un marketing táctico que, en la mayoría de las empresas, se quedaría instalado para siempre. El marketing tradicional ya no tenía capacidad para abarcar todos los frentes de un mercado cada vez más complejo. El marketing pasó así de ser un proceso estratégico a convertirse en una actividad táctico-impulsiva, buscando respuestas inmediatas y olvidando las visiones a largo plazo.

De forma paralela, ese marketing clásico del siglo xx comenzó a desbordarse a medida que los productos se transformaban en marcas y los consumidores adquirían un papel más activo. Además, la irrupción de Internet y el vertiginoso avance de las nuevas tecnologías provocaron una disrupción que no dejó títere con cabeza.

Un ejemplo claro de este cambio se observa en las decisiones de los altos mandos de muchas empresas. La crisis económica global de 2008 hizo que muchos directores de marketing se convirtieran en ejecutores de órdenes provenientes de los departamentos de finanzas, cuya principal preocupación era la reducción de costes antes que la construcción a largo plazo de una marca reconocida y valorada.

El marketing ya no es un departamento aislado dentro de una empresa, ni una función centrada sobre todo en el ámbito de la comunicación, las promociones y las campañas publicitarias. Hoy día el marketing debe estar alineado con toda la estrategia corporativa, y para ello es fundamental la integración con todos los departamentos, desde las finanzas hasta la gestión de recursos humanos.

Además, el marketing ha traspasado totalmente las grandes campañas publicitarias centradas en la televisión y los medios tradicionales, radio, diarios, revistas y exterior. Las empresas están obligadas a estar presentes donde está el consumidor, y este ha dispersado su interés y su tiempo por innumerables canales: redes sociales, buscadores, contenidos de marca, *Big Data, influencers,* aplicaciones... Las herramientas digitales han hecho que los consumidores estén más conectados que nunca, pero también más desinformados y que sean mucho menos fieles a las marcas.

## La transformación hacia el marketing digital

Así, el marketing se ha transformado profundamente. Los consumidores ahora tienen un acceso casi infinito a la información, y la capacidad de interactuar directamente con las marcas les ha dado el poder de influir poderosamente con su propia experiencia de compra, que pueden compartir, opinar y transmitir a muchos otros consumidores. El boca-oreja y la recomendación directa, que siempre fueron las más determinantes en la toma de decisiones de compra, hoy día pueden multiplicarse de forma exponencial para las marcas, tanto positiva como negativamente.

Muchos altos directivos, habitualmente alejados del día a día del marketing, sienten que la única manera de seguir siendo competitivos es apostar por las nuevas tecnologías, pero en bastantes ocasiones no comprenden bien la utilidad que pueden tener en su empresa. Por otro lado, los profesionales del marketing se ven sobrepasados por la velocidad de los cambios y atrapados en una dinámica de acciones tácticas cada vez más cortoplacistas, con el objetivo centrado en lograr el máximo rendimiento inmediato y no en la construcción de relaciones duraderas con los consumidores.

## El fin de una era: ¿un marketing sin futuro?

A medida que los valores del marketing tradicional han ido perdiendo terreno, hay quienes se preguntan sobre el futuro de esta disciplina. Con el auge del marketing digital y las herramientas tecnológicas, muchas empresas parecen dejar de confiar en la capacidad estratégica del marketing, y los departamentos de marketing se ven relegados a tareas tácticas y secundarias, mientras los departamentos de finanzas y administración se colocan en el centro de la toma de decisiones.

El marketing está en crisis no por falta de creatividad o estrategia, sino por una falta de visión a largo plazo, un cortoplacismo endémico que ha capturado a la mayoría de las empresas y que ahoga su capacidad para innovar y conectar con el consumidor. El marketing clásico que dominó los mercados durante el siglo xx ha dejado de ser suficiente para las demandas del mercado actual. Ahora, más que nunca, es hora de reinventarlo.

El marketing, que nació con la idea de ser una ciencia precisa y estratégica, se ha visto arrastrado por una serie de cambios disruptivos en el mundo económico, social y tecnológico. Los viejos métodos ya no sirven, y el marketing debe evolucionar para mantenerse relevante en un mundo cada vez más complejo y multifacético.

# 2
# DEL PODER DEL MERCADO AL PODER DEL CONSUMIDOR

## El día en que nació el concepto de marca moderna

El 2 de abril de 1993 tuvo lugar uno de los momentos clave en la evolución del marketing y la transformación de los productos en marcas. La fecha ha pasado a la historia económica como Marlboro Friday, uno de los viernes negros más significativos de la Bolsa de Nueva York. Se le suele llamar «el día en que murieron las marcas», pero también puede ser cuando empezó a nacer el concepto de marca moderna. Marlboro Friday estableció el fin de una era e inauguró un nuevo ciclo, en el que el poder del mercado fue sustituido por el poder del consumidor.

Unos meses antes, las marcas de cigarrillos *low cost* habían entrado con fuerza en el mercado estadounidense. No destacaban por nada más que por su bajo precio, claramente inferior al de las marcas tradicionales. Sin apenas publicidad, empezaron a ganar ventas y cuota de mercado, y parecía que podían seguir creciendo de forma imparable únicamente apoyadas en su menor coste.

Las grandes marcas, especialmente Marlboro, de Phillip Morris, empezaron a sentir la presión. Después de años invirtiendo grandes cantidades de dinero en crear la imagen y el prestigio de sus marcas, un producto sin identidad basado exclusivamente en el precio les estaba robando parte de su mercado. En un intento por detener su caída, Marlboro decidió bajar sus precios un 20%. Era una respuesta muy arriesgada tomada por un líder demasiado nervioso, y las consecuencias no se hicieron esperar.

## Colapso en Wall Street

Cuando Philips Morris anunció su recorte de precios, las acciones de la compañía en la Bolsa de Nueva York se desplomaron un 26%. Y arrastraron a las acciones de todas las grandes marcas: Coca-Cola, Nabisco, Procter & Gamble, Pepsi e IBM. Otras multinacionales vieron cómo caían sus valores por el pánico que se apoderó de Wall Street. Ese día el Dow Jones perdió el 1,98% de su valor.

Los inversores interpretaban que si una marca fuerte y líder mundial como Marlboro, que llevaba cuarenta años invirtiendo cientos de millones de dólares en su imagen, no podía soportar el ataque de unos productos sin imagen, cuya única característica diferencial era su bajo precio, las marcas en general no tenían el valor que se les había atribuido durante décadas. Invertir en la imagen de marca, el *branding,* no resultaba una estrategia sólida. Las inversiones en publicidad y comunicación podían ser un coste innecesario, un fallo estratégico de las compañías que seguían esa política. Frente a ello, se impuso una visión cortoplacista del marketing centrada en lograr ventas inmediatas con promociones y otras técnicas que favorecieran el retorno de la inversión de la forma más inmediata posible.

Fue una reacción generalizada en muchas compañías, que optaron por reducir los presupuestos publicitarios y de comunicación de marca para impulsar políticas de descuento y ofertas tácticas. En muchos casos, invertir en la imagen de marca pasó a ser visto casi como una extravagancia, mientras en las escuelas de negocios comenzaron a enseñar una nueva doctrina: recortar costes en comunicación y centrarse en la rentabilidad inmediata.

## Las marcas que desafiaron la corriente

No todos cedieron ante la presión del mercado, pues hubo los que optaron por seguir apostando por las marcas, convencidos de que su verdadero valor residía en su imagen y en los intangibles que las hacían únicas. Richard Branson, de Virgin; Phil Knight, de Nike; Howard Schultz, de Starbucks; Steve Jobs, de Apple, y

Renzo Rosso, de Diesel, entre otros, fueron algunos de los que, en un contexto de crisis económica y escepticismo generalizado, mantuvieron sus apuestas por las marcas, e incluso las reforzaron.

El caso de estas empresas es significativo porque desafiaron la tendencia general y demostraron que las marcas no solo sobreviven a las crisis, sino que pueden superarlas y fortalecerse. Estas compañías crearon un valor real a partir de sus sólidas propuestas de marca. Sabían que la diferenciación emocional era lo que los consumidores buscaban, y no solo el precio. En lugar de reducir la inversión de comunicación, la aumentaron para construir y reforzar la conexión con sus consumidores, creando marcas con las que la gente se identificaba profundamente.

En el caso de Nike, la campaña «Just Do It» se convirtió en un emblema de motivación personal y superación incluso más allá del deporte, mientras que Starbucks no solo vendía café, sino una experiencia personalizada que convertía a cada cliente en parte de una comunidad. Apple transformó la tecnología en una declaración de identidad personal, traspasando también las fronteras de la informática. Todas ellas se desmarcaron de la tendencia general y demostraron que el poder de una marca bien construida está muy por encima de un precio más o menos bajo.

## El renacer de la imagen de marca

En 2002, casi una década después de ese fatídico Marlboro Friday, las tendencias habían cambiado bastante, como se demostró con el Gran Premio del Festival Publicitario de Cannes. La película ganadora de ese año, *Tag*, en la que los ciudadanos se ponen a jugar al tradicional «Pilla-pilla» en la calle, formaba parte de la campaña «Play», de Nike, y mostraba claramente el triunfo de las emociones y los valores como piezas centrales en la construcción de la marca.

La campaña combinaba una creación emocional con los atributos y valores de Nike, que, además, daba un giro a su estrategia al pasar del competitivo y aspiracional *Just do it* al más amable y abierto *Play,* mostrando el deporte con el valor de la diversión colectiva. La marca había tenido que superar serias crisis reputacionales, como el dopaje de algunos de los deportistas que patrocinaba y las acusaciones de que sus productos eran fabricados por niños y personas sin derechos laborales en países del tercer mundo, que aparecían en el libro *No Logo* (Klein, 2000). Con todo, el impacto de *Tag* fue tan profundo en esa edición del festival de Cannes, en la que Agustín Medina formaba parte del jurado, que se convirtió en el símbolo que ratificaba la resurrección y supremacía de las marcas. Las grandes marcas que se habían mantenido fieles a su identidad fueron de nuevo celebradas como las líderes en comunicación.

Para muchos publicitarios ese fue un momento histórico, un punto de inflexión en la evolución de la publicidad y las marcas. El recién nacido siglo XXI traía una nueva forma de hacer publicidad con la imagen de marca y la conexión emocional con los consumidores como centro de las estrategias de comunicación y marketing, desplazando así al marketing táctico, centrado únicamente en las ventas y los resultados inmediatos.

## El poder del consumidor

Los finales del siglo XX y comienzos del XXI también fueron claves en el profundo cambio que se produjo en la relación entre las marcas y los consumidores. Las marcas empezaron a reconocer que el verdadero poder ya no lo tenían el mercado y las empresas, sino el consumidor. Comenzaba a consolidarse la idea de que los consumidores no se limitan a comprar productos, sino que eligen comprar las experiencias, los valores y las emociones que las marcas logran transmitir.

Las marcas dejaron de ser solo un logo o un nombre en una caja para ser entendidas como las vivencias, relaciones y promesas que conectaban con las necesidades y los deseos más profundos de los consumidores. En lugar de tratar de destacar y alabar los productos por encima de todo, las empresas empezaron a escuchar a sus clientes, intentando adaptarse a sus aspiraciones, valores y expectativas. La autenticidad se convirtió en un activo fundamental, y las marcas que lograron construir una relación sólida con sus consumidores se convirtieron en líderes indiscutibles.

Es en esa época en la que se produce el despegue imparable de una de las marcas que hoy día son más valoradas y tienen mayor éxito en España, Mercadona, que denomina al cliente «el jefe», y sin ningún sentido peyorativo. Apostando fuertemente por las marcas propias, como Hacendado, Bosque Verde o Deliplus, ha ido mucho más allá del precio bajo para aportarlas el enorme valor que han conseguido que les otorguen sus consumidores.

## Mucho más que un tropiezo

El Marlboro Friday supuso mucho más que una caída temporal de las marcas. Fue el momento en que los consumidores comenzaron a tener el verdadero poder del mercado. Las marcas, que antes dominaban los mercados con un enfoque de oferta, tuvieron que adaptarse a un mundo donde el consumidor no solo decidía qué comprar, sino también qué marcas seguían y qué valores querían respaldar.

Empezó a ser claro que las marcas necesitaban una historia, una razón de ser, un compromiso que fuera mucho más allá que el producto en sí. Los consumidores se habían convertido en los protagonistas del mercado, y las marcas debían adaptarse a sus necesidades, deseos y valores. Ya no era suficiente con tener un buen producto; había que tener una *buena* marca que hablara al corazón del consumidor.

La historia del Marlboro Friday es la historia de una transformación fundamental en el marketing. En lugar de un producto, lo que el consumidor busca hoy es una marca con la que se identifica, que representa sus valores y que le ofrece algo más que una simple transacción económica. Las marcas que han prosperado en el siglo XXI son las que entendieron este cambio de paradigma y lo adoptaron como su propio camino.

El mercado ya no está controlado por las empresas; ahora son los consumidores los que tienen el poder de decidir qué marcas triunfan y cuáles desaparecen. El marketing también ha tenido que adaptarse para seguir siendo relevante. En vez de vender productos, las marcas ahora venden experiencias, emociones y, sobre todo, identidad. El concepto de marca se transformó al tiempo que se entraba en el nuevo milenio, y con ello también lo hizo el marketing. La era del poder de las empresas y de los mercados cerró un ciclo, dando paso a una nueva realidad en la que el consumidor es quien tiene el poder. Un cambio radical en la forma de entender el marketing que sigue siendo fundamental en la comunicación de las marcas hoy en día.

A partir del Marlboro Friday el poder pasó de las marcas a los consumidores, un cambio que establece el futuro del marketing en el siglo XXI. Desde entonces, las marcas ya no solo se definen por lo que venden, sino por todo lo que representan en la vida de los consumidores.

# 3
# DE VENDER PRODUCTOS A VENDER MARCAS

## Productos tangibles, marcas emocionales

La transición de vender productos a vender marcas marcó una de las revoluciones más significativas en el mundo del marketing. El mercado estaba basado en productos tangibles: objetos físicos con atributos concretos que el consumidor podía ver, tocar, usar y comparar. Los productos tenían una esencia, una funcionalidad clara, y eso era lo que los hacía valiosos.

La verdadera revolución llegó cuando se pasa de vender productos a vender marcas, cuando estas dejaron de ser solo símbolos identificativos para convertirse en algo que va mucho más allá, una personalidad, una experiencia emocional, unos valores, una forma de pertenencia para los consumidores...

Las zapatillas Nike no son más que un par de zapatos deportivos, con unos materiales, diseño y características técnicas que, por sí solas, sería complicado diferenciarlas de otras marcas competidoras. La magia de Nike no radica en el producto, sino en la marca que lo respalda. Cuando se ve el icónico *swoosh*, uno de los logotipos más famosos y reconocidos en todo el mundo, no se ve solo un símbolo, sino una auténtica garantía emocional. Ese logo está cargado de valores, como la superación, el esfuerzo, el espíritu deportivo, la energía y la innovación.

Las personas no compran solo unas zapatillas Nike; compran la idea de que, al ponérselas, participan en un mundo donde el deporte no es solo una actividad física, sino una filosofía de vida.

*Just do it*, «Hazlo», es uno de los eslóganes más potentes, directos e inspiradores de la historia. La marca es la que transmite la emoción y la conexión. El producto, aunque esencial, es solo un vehículo para esa experiencia emocional.

La transición de vender productos a vender marcas no es ni mucho menos algo exclusivo de las empresas de ropa deportiva. Las marcas emocionales han llegado para quedarse. Un caso destacado es Virgin, la primera empresa que nació como marca antes de tener un producto detrás.

## Virgin, marca antes que producto

Virgin tiene una de las historias más fascinantes del marketing. Richard Branson, su fundador, no comenzó su imperio empresarial con un producto físico, sino con una idea, un nombre y un concepto. Estando en la universidad, Branson creó una pequeña revista que llamó Virgin, un panfleto dirigido a estudiantes que se centraba en facilitar el intercambio de discos de segunda mano. La revista fue simplemente un punto de partida que reflejaba el espíritu emprendedor y rebelde que caracterizaría a la marca en el futuro.

Lo más interesante es que en los primeros años Virgin no existía como una empresa con un producto o servicio tangible. De la venta de discos de segunda mano, Branson pasó a fundar una discográfica, que lanzó el enorme éxito internacional de *Tubular Bells*, de Mike Oldfield. Más tarde creó una editorial para publicar libros, y siguió poniendo en marcha todo tipo de proyectos: cines, gimnasios, telecomunicaciones..., hasta llegar a la aerolínea Virgin Atlantic. En 1994 llegó a competir con la mismísima Coca-Cola con Virgin Cola, de la mano de la empresa canadiense Cott, y una botella con curvas que decía inspirarse en la actriz Pamela Anderson. Por supuesto, Branson no logró el éxito en todos los proyectos; de hecho, el refresco fue un fracaso que terminó desapareciendo del mercado.

Hoy, Virgin es uno de los conglomerados más grandes del mundo, con más de 200 empresas en 29 países, que abarcan sectores tan diversos como las líneas aéreas, los productos financieros, la tecnología, el entretenimiento, los viajes espaciales, y hasta un banco de cordones umbilicales. Richard Branson fue un pionero que entendió que el valor real de una empresa no solo está en sus productos y servicios, sino en los valores y la personalidad de la marca que los respalda.

Porque la marca Virgin siempre ha estado alrededor de la figura de Branson: un aventurero, un hombre arriesgado, una persona dispuesta a desafiar las convenciones y a crear empresas que se sintieran auténticas y atrevidas. Virgin no vende solo productos o servicios, vende una filosofía, una forma de vida y una promesa a los consumidores, quienes, al elegirla, se están uniendo a una comunidad de soñadores, exploradores y rebeldes. Un enorme valor que permite a la marca no solo mantenerse en la vanguardia, sino convertirse en una de las más admiradas del mundo.

## El poder de la marca global

Virgin demostró que el nombre de la marca, los valores que representa y la historia que cuenta pueden ser tan importantes o más que el propio producto. La marca no está asociada con un producto o servicio concreto, sino con una manera de ver y entender el mundo, con un compromiso emocional con el consumidor. Las marcas como Virgin trascienden el producto y pueden estar en diferentes sectores sin perder su esencia. Esta es la clave de una marca global y de la importancia de construir una marca emocional.

Richard Branson ha sabido transmitir su personalidad a la marca, algo muy difícil de lograr y que pocos empresarios alcanzan. Al hacerlo, convirtió su propia imagen y su carácter en sinónimos de la marca Virgin. Cada vez que alguien compra un producto o servicio de Virgin está comprando un pedazo de la historia, la energía y la actitud que Branson ha logrado imprimir en su marca. Porque Virgin, más que una simple marca, es una filosofía.

Ese es el auténtico poder de las marcas, construir algo que va mucho más allá del producto físico, una conexión emocional profunda con el consumidor, un vínculo que perdura mucho después de que el producto haya sido adquirido.

## El dilema de la publicidad: ¿productos o marcas?

Por supuesto que el poder de las marcas no está separado del producto o servicio en sí, que es absolutamente fundamental para el éxito o fracaso en el mercado. Hay quien defiende que los buenos productos se venden solos, como también hay muchos que opinan que, aun siendo muy buenos, es necesaria una gran inversión en publicidad y *branding*.

Cuando en 1972 se lanza la Gillette G2 con la doble hoja de afeitar, el producto era tan innovador que su éxito en el mercado fue casi inmediato. La campaña de la agencia McCann-Erickson en España lo presentaba con un concepto muy claro: «La primera hoja afeita y la segunda apura». Los anuncios hacían una demostración directa de las ventajas del producto. «La primera hoja corta el pelo mientras tira de él hacia fuera, y antes de que el pelo se retraiga la segunda hoja lo vuelve a cortar, consiguiendo un apurado perfecto, como usted no ha conocido jamás». El famoso actor Paco Rabal decía estas palabras mientras una imagen en animación mostraba el efecto del doble corte.

El resultado en ventas fue tan espectacular que superó todas las expectativas de Gillette, que no habían previsto la enorme demanda, y el producto se agotó en las tiendas a los pocos días de empezar la campaña en la televisión. Eso causó un gran problema a la compañía, que solo tenía una fábrica en Alemania para surtir a toda Europa y no podía satisfacer la demanda. Los distribuidores culparon a Gillette de la falta de previsión y amenazaron con boicotear el lanzamiento si no recibían más productos de inmediato.

Lo cierto es que la campaña publicitaria, aunque buena, no fue la razón principal de su éxito, sino el avance técnico y la mejoría tangible del producto. Los consumidores no necesitaban mucha persuasión para darse cuenta de que este nuevo producto ofrecía algo que nunca antes habían experimentado: un afeitado más apurado, más suave, más cómodo.

## Estrategias de marca excepcionales

Cuando un producto es tan bueno e innovador, su éxito está casi asegurado. Pero, ¿cuántos productos son así? Ese tipo de productos revolucionarios son poco comunes. Por eso, en la mayoría de los casos, la diferencia entre el éxito y el fracaso no está solo en la calidad del producto, sino en la marca que lo respalda. La marca crea la narrativa que transforma un simple producto en una experiencia, en un deseo, en algo que va más allá de la funcionalidad.

En este sentido, empresas como Damel, con su marca Cheiw, y Procter & Gamble, con Fairy, supieron transformar productos aparentemente sencillos en referencias de mercado por medio de una estrategia de marca excepcional. A través de campañas creativas y un posicionamiento claro lograron que los consumidores se sintieran emocionalmente conectados con sus productos.

Un chicle costaba una peseta a principios de los años setenta, y llevaba muchos años con ese precio, lo que resultaba ruinoso para los fabricantes. Con una brillante decisión de marketing y una buena campaña de publicidad, Damel subió el precio del chicle Cheiw multiplicándolo por cinco, al tiempo que aumentaba notablemente el tamaño de sus «tacotes», como propuso llamar a los chicles la agencia de publicidad. Sorprendentemente, las ventas se dispararon cuando comenzó a venderlos a cinco pesetas.

El segundo ejemplo es el del lavavajillas Fairy. La empresa, Procter & Gamble, dudaba cómo lanzarlo al mercado, teniendo en cuenta que su estrategia era posicionarlo con un precio tres veces superior al líder absoluto, Mistol, que tenía una enorme fidelidad de las amas de casa. Fairy era el primer lavavajillas concentrado, y su problema no solo estaba en el desconocimiento y su precio muy superior, sino que también debía enseñar a las consumidoras a echar mucha menos cantidad de producto. Al echar demasiada, acostumbradas a los lavavajillas clásicos, también había quejas sobre lo que costaba enjuagar los platos y eliminar la espuma.

La campaña «Villarriba y Villabajo» fue un excelente ejemplo de publicidad demostrativa del «milagro antigrasa», y convirtió a Fairy en la referencia de la categoría y dominadora absoluta del mercado. Unía la demostración del producto con una historia que transmitía una emoción compartida y tremendamente popular, las fiestas de pueblo celebradas con una comida multitudinaria, en este caso una paella, que luego podía ser limpiada con una pequeña botella de Fairy. Una historia que ha seguido viva décadas después con enorme éxito, e incluso se ha trasladado a otros países cambiando la paella por el plato típico y popular de cada zona.

Otro ejemplo de éxito de marca que rompió un techo de cristal establecido en el mercado que parecía imposible de traspasar fue Danone, que atravesó la barrera psicológica y el prejuicio que decía a los fabricantes de yogur y a sus agencias que se trataba de un producto infantil y era imposible fomentar su consumo en los adultos.

Con la campaña «Aprende de tus hijos» lograron llegar a los padres y madres, mostrando que lo que era bueno y sano para los niños también lo era para ellos. Y más tarde, con «Cuerpos Danone», logró convencer a los jóvenes de que los yogures podían ayudarles a ser más atractivos.

Igualmente, la tónica Schweppes consiguió posicionarse como un refresco que podía tomarse solo, además de mezclarse con ginebra. En ambos casos, la repercusión en ventas que consiguieron fue espectacular, al romper sus respectivos techos de cristal y multiplicar sus consumidores.

## El marketing en la era digital

Hoy, en la era digital, los responsables de marketing se enfrentan a muchos nuevos desafíos, y hay una gran obsesión con las nuevas tecnologías, las redes sociales, las aplicaciones, el *Big Data*, la IA... En el afán por adaptarse a un mundo digital, a veces se pierde de vista lo más importante: las marcas siguen siendo lo que realmente conecta con los consumidores. Las herramientas digitales son muy importantes y pueden ayudar a mejorar y amplificar el mensaje, pero no son el mensaje.

El verdadero poder de una marca radica en su capacidad para construir una identidad emocional y en su habilidad para conectar con los valores y deseos de los consumidores. La idea de «vender productos» ha quedado obsoleta: hoy día lo que importa es vender emociones, historias y valores que lleguen y conecten profundamente con el público.

La era digital ha transformado las reglas del juego, pero el poder de la marca sigue siendo el mismo, e incluso es más importante que nunca. Lo que realmente importa es cómo hace sentir la marca, no solo lo que vende. Es lo que Richard Branson comprendió hace décadas: el marketing más rentable es aquel que invierte en construir una marca que llegue directamente al corazón de los consumidores.

La gran transición del marketing en el siglo xx se produce al pasar de vender productos tangibles a vender marcas emocionales. Ejemplos como Virgin, Nike y otros demuestran cómo el poder de una marca bien construida puede transformar mercados y conectar con los consumidores de una manera mucho más profunda y sólida que cualquier producto físico por sí solo.

# 4
# QUIEN TIENE UNA MARCA
# TIENE UN TESORO

## Cuando el consumidor se identifica tanto con la marca que se la tatúa en la piel

En el libro *No Logo,* Naomi Klein analiza el proceso por el que los productos, en un momento determinado, se convierten en marcas. Es un ensayo crítico sobre el poder de las multinacionales y cómo impactan en los consumidores, pero también realiza un interesante análisis y una sugestiva explicación de cómo la identidad y el valor de las marcas van mucho más allá del producto.

Una de las historias más reveladoras es la de Nike. Muchos empleados y consumidores de esta marca se tatúan su logo en la piel, hasta el punto de que es un motivo muy popular en las tiendas de tatuajes en Estados Unidos. Esta devoción hacia una marca prueba la capacidad que ha tenido Nike para crear un vínculo emocional tan fuerte con su público que va mucho más allá de la venta de un simple par de zapatillas deportivas.

Phil Knight, el fundador de Nike, lo expresó de manera sencilla pero contundente: «No vendo zapatillas, vendo el espíritu del deporte». La afirmación refleja esa profunda conexión que la marca ha establecido con sus consumidores. Nike no solo vende un producto; vende un concepto, un estilo de vida, un sueño. Esta es una de las grandes lecciones de Nike: las grandes marcas no solo venden productos, venden valores y emociones.

## Conquistar a los consumidores

En España, Ikea decidió reposicionar su imagen en 2006. Había tenido un gran éxito en su lanzamiento masivo en el país con el concepto «Redecora tu vida», pero temía quedarse como una marca de muebles y productos de decoración baratos. Con la agencia SCPF, decidió conquistar el territorio del hogar, es decir, intentar conseguir que los españoles considerasen que Ikea era una marca que formaba parte del hogar de forma natural.

La campaña la protagonizaban familias reales que rodaron vídeos caseros de cómo era su hogar, y acababa con el eslogan impreso en un felpudo: «Bienvenido a la república independiente de tu casa». Inmediatamente, empezaron a pedir el felpudo en las tiendas, pero el producto no existía, pues se había fabricado exclusivamente para el anuncio. Ikea reaccionó rápidamente y lo sacó a la venta, y en poco tiempo vendió más de 200.000 unidades. En otras palabras: cientos de miles de hogares españoles pagaron a Ikea para poner su eslogan y su anuncio en la puerta de casa. Hasta ese punto llegó la identificación con el mensaje que había lanzado la marca.

En este mundo de las marcas, lo que realmente importa no es tanto el producto físico, sino la identidad que se construye en torno a él. Como afirma Naomi Klein: «Es legítimo decir que el astronómico crecimiento de la riqueza y de la influencia cultural de las empresas multinacionales... tiene su origen en una idea única y al parecer inofensiva: que las empresas de éxito deben producir ante todo marcas y no productos».

Esto nos lleva a una conclusión importante: las marcas son el activo más valioso de una empresa. Son más que un logotipo o un nombre; son símbolos cargados de significado que tienen el poder de conectar con las emociones, las aspiraciones y las creencias de los consumidores.

## La intuición de los modistas

Lo cierto es que el concepto de marca y su poder no es algo reciente, pues el sector del lujo y la moda lujo fueron claros pioneros desde hace muchas décadas. Los grandes modistas del siglo xx, como Coco Chanel, Balenciaga y otros, entendieron antes que nadie la importancia y el valor que tenía crear una marca que fuera sinónimo de exclusividad, elegancia y distinción.

Coco Chanel no solo creó una línea de ropa, sino una marca mucho más allá de la moda. Entendió que la marca representaba un estilo de vida, una forma de pensar y de sentir. El logo de Chanel, diseñado por ella misma en 1920, sigue siendo uno de los más reconocidos en el mundo. Chanel, como otros diseñadores de la época, no solo vendía ropa; vendía una imagen de sofisticación y lujo que podía extenderse a muchos otros productos. Así, no se conformó con vender vestidos, sino que comenzó a producir complementos, como bolsos, cinturones y joyas, y entró en el sofisticado mundo de la perfumería y la cosmética. Cuando en abril de 1952 la actriz Marilyn Monroe dijo en una entrevista para la revista Life Magazine que para dormir se ponía «Tan solo unas gotas de Chanel N.º 5», el perfume pasó automáticamente al terreno de los sueños ideales de la mayoría de las mujeres.

Chanel y otros grandes modistas empezaron creando vestidos de alta costura para mujeres que podían permitirse el lujo de ponerse un vestido distinto cada vez y pagar por ellos un precio altísimo. Eran modelos que no se repetían. Pero después de la Segunda Guerra Mundial había menos gente con tanto dinero como para poder gastar una fortuna en cada vestido, y surgió el *Pret a Porter:* vestidos fabricados en serie que son asequibles para mucha más gente.

Luego, llegarían los complementos, la cosmética y la perfumería, siempre con la misma marca. Quizá fue más una intuición que una estrategia premeditada, pero hoy día estas marcas tienen hasta restaurantes y hoteles de lujo. Al ver el Armani Ristorante ya se sabe que será italiano y que se comerá muy bien, pues se le atribuyen todos los valores de la marca Armani, que hasta ha abierto en Dubai un hotel de cinco estrellas.

Hoy día, marcas como Chanel, Dior, Armani y Versace son auténticos imperios con infinidad de productos y servicios asociados. Los modistos que cosían vestidos de lujo se han transformado en símbolos internacionales de estatus, estilo y poder.

## La expansión de la marca

El éxito de estas marcas de lujo está precisamente en la capacidad que tienen para extender sus valores a diferentes segmentos del mercado. Lo mismo ocurre con figuras públicas como Rafa Nadal o Fernando Alonso, personalidades con una imagen poderosa y un gran atractivo emocional que pueden prestar su nombre y su imagen para promocionar marcas en sectores tan diversos como el deporte, la moda o la cosmética. Ellos mismos son marcas personales con un valor asociado que va mucho más allá de su actividad principal.

Las marcas que logran conectar profundamente con las emociones de sus consumidores se convierten en parte clave de la identidad de los propios consumidores, y son para mucha gente el referente más sólido en sus vidas.

Todo cambia hoy día a un ritmo acelerado: ningún trabajo es para siempre, ni el lugar de residencia. Se cambia de casa, de trabajo, de ciudad, incluso de pareja, pero no se cambia fácilmente de las marcas favoritas. La gente se aferra a ellas porque forma parte de su personalidad. La fidelidad a los equipos de fútbol es un buen ejemplo. Se gane o se pierda la liga, se esté en primera división o se descienda a segunda, la inmensa mayoría de los socios de un equipo permanecen fieles al mismo durante toda su vida.

## Construir una marca poderosa

Crear una marca poderosa no es fácil. Es un proceso que involucra no solo la creación de un producto o servicio excepcional, sino también una comunicación efectiva que pueda transmitir los valores y la identidad de la marca de manera clara y constante. Por eso las marcas de éxito no solo venden algo físico, sino un conjunto de emociones, aspiraciones y valores.

Construir una marca es algo similar a cómo se construye una personalidad. Necesita tiempo, esfuerzo y una conexión genuina con las emociones de los consumidores. Además, las marcas deben adaptarse constantemente a los cambios de la sociedad.

La comunicación tiene un papel clave, pues a través de ella las marcas pueden mantenerse presentes en la mente del consumidor.

Algunas empresas lo tienen claro y no dudan en invertir grandes sumas de dinero en la construcción y el mantenimiento de la marca, comprendiendo que es el activo más valioso del negocio. Un industrial estadounidense de principios del siglo xx dijo: «Si tuviera que elegir entre perder mis fábricas o perder la reputación de mis productos, ganada con la publicidad de los últimos veinte años, no lo dudaría. Que destruyeran las fábricas, porque en noventa días se pueden construir fábricas nuevas, pero no hay capital capaz de hacer lo mismo con la imagen de mis productos. Ni capaz de recuperar veinte años de buena publicidad».

Es un mensaje repetido en muchas ocasiones y atribuido también al presidente de Coca-Cola, que planteaba la posibilidad de que se sustituyesen todos los habitantes de la tierra por extraterrestres. En ese caso, el valor de la marca sería cero, porque resultaría totalmente desconocida, como ocurre con marcas que pueden ser muy valiosas en un país pero desconocidas fuera del mismo.

La conclusión es clara: el valor de las marcas reside en la mente de los consumidores, donde las grandes marcas han logrado construir su imagen a lo largo del tiempo con todas las inversiones en publicidad, mensajes, experiencias y contactos.

## Ladrillos o imagen de marca

Un ejemplo real sucedió en noviembre de 2014, cuando un incendio redujo a cenizas la fábrica de Campofrío en Burgos, la principal de la empresa, que perdió 60.000 toneladas de producto, el 30 % de su volumen en España, el 37 % de las ventas y el 50 % del beneficio bruto. Además del lógico e imprescindible esfuerzo por recuperar la capacidad de producción gracias a los seguros, la comunicación fue clave para que la marca saliese reforzada de la catástrofe. Y la empresa lo aprovechó para demostrar la realidad de su publicidad: «Que nada ni nadie nos quite nuestra manera de disfrutar de la vida».

Hace años, un empresario, dueño de una conocida marca de ginebra, comentaba que cuando tuvo que elegir entre invertir en una nueva fábrica o en publicidad, se equivocó al decidir construir la fábrica, porque perdió la oportunidad de consolidar su marca a través de una comunicación masiva cuando todavía se podían anunciar bebidas alcohólicas en la televisión. El consejo de administración opinó que la fábrica era algo tangible que permanecería para siempre, mientras que la publicidad desaparecería pocos meses después de haber llevado a cabo la inversión en la campaña. Un razonamiento bastante común en las empresas, pero las que han preferido invertirlo todo en máquinas y ladrillos renunciando a consolidar la fuerza de su marca en la mente de los consumidores, casi siempre, han acabado pagando muy caro la decisión.

Son ejemplos que reflejan la importancia que la reputación y la imagen de una marca tienen en el éxito a largo plazo de una empresa. Sin una marca sólida, aunque se cuente con una excelente infraestructura de fábricas y productos, el éxito está lejos de estar asegurado. La marca es lo que permanece cuando todo lo demás cambia.

## Lo tangible *versus* lo intangible

Pese a todo, todavía hay muchos profesionales que no entienden que la marca es el verdadero tesoro de una empresa. Sigue habiendo empresas que prefieren invertir en ladrillos, naves, maquinaria y procesos de producción, convencidas de que los activos tangibles son los más importantes, sin comprender que, a largo plazo, la marca es la que define el auténtico éxito. Y las empresas que no aplican estos principios suelen terminar pagando un alto precio por su falta de visión a largo plazo, cuando no directamente morir al cabo del tiempo.

En resumen, el que tiene una buena marca, tiene un tesoro. Si se gestiona bien, conecta adecuadamente con los consumidores y aporta cada vez más valor e imagen positiva, se puede construir un imperio que va mucho más allá del producto o servicio que inicialmente ofrece. Y lo mejor de todo: cuando se hacen bien las cosas, ese tesoro perdura y puede seguir creciendo casi indefinidamente a lo largo del tiempo.

> La importancia de las marcas va mucho más allá de los productos, es el auténtico tesoro de las empresas. Los grandes empresarios, desde los modistas de lujo hasta los gigantes del deporte, han entendido que la marca es el activo más valioso que poseen, muy por encima del valor de las fábricas, las maquinarias y otros tangibles.

# 5
# LAS MARCAS NO NACEN, SE HACEN

## Identidad, notoriedad, reputación: las claves del éxito

Las marcas no surgen ni nacen de la nada; se hacen. Es un proceso que requiere tiempo, dedicación y estrategia. No basta con elegir un nombre y poner un anuncio con la última *influencer* del momento. Crear una marca sólida implica mucho más, pues exige dotarla de una identidad, ser reconocida por la gente y lograr una buena reputación.

Son las claves para crear y mantener cualquier marca de éxito, comenzando por la *Identidad:* la marca debe tener una personalidad clara, nítida, algo que la defina y distinga claramente de las otras. Por supuesto, es también necesaria la *Notoriedad:* ser conocida, estar en la mente del consumidor, de manera que la gente sepa lo que es y lo que representa. Y lograr una buena *Reputación:* es esencial que la marca sea percibida positivamente por el público. La reputación es lo que da estabilidad a una marca a largo plazo.

Al igual que las personas, las marcas construyen su identidad con el tiempo, no es algo que se logre de forma inmediata. Y la publicidad y los medios masivos tienen un papel fundamental en este proceso.

## La clave para construir marcas

El objetivo fundamental de la publicidad no es simplemente vender, sino construir marcas. La venta de un producto es la consecuencia de tener una marca sólida. Las promociones de ventas, el marketing directo y digital o el marketing telefónico pueden generar ventas a corto plazo, pero no son eficaces para construir una marca duradera. Al contrario, las promociones continuadas pueden debilitar la percepción e imagen de la marca.

Cuando hace años las revistas comenzaron a regalar todo tipo de artículos, como bolsos, pendientes, chanclas o pañuelos, llegó un momento en que en vez de comprarlas por su contenido o por su marca, la gente las adquiría por el regalo. Eran promociones que podían funcionar en el corto plazo, pero llegan a degradar el valor de la marca.

La publicidad en medios masivos, en cambio, tiene el enorme poder de construir una marca en su totalidad. Los medios como la televisión, la radio y la prensa siguen siendo fundamentales para este objetivo.

Las redes sociales, los *influencers* y otras técnicas y estrategias del marketing digital pueden ser útiles para vender un producto, pero no bastan para crear y consolidar una marca. Un *influencer* muy famoso puede vender muchas camisas, pero esto no significa que esté construyendo una marca. Las marcas necesitan algo más que una campaña esporádica con una personalidad popular. Para construir una marca sólida es necesario una buena publicidad que parta de una gran estrategia y creatividad.

## Creatividad y estrategia

La creatividad es el motor de la publicidad. Es lo que transforma un producto en una idea que conecta con el público. Por ello, necesita una base estratégica. Estrategia es saber qué decir, el contenido clave del mensaje de la marca que se quiere hacer llegar a los consumidores y cuándo, cómo y dónde se va a comunicar ese mensaje para lograr el mayor impacto posible. Sin estrategia, la creatividad puede ser un gasto inútil.

Las grandes marcas tienen una construcción estratégica construida a lo largo de muchos años, un mensaje fundamental que las define ante los consumidores. Volvo es seguridad; Coca-Cola, felicidad; Ariel, blancura; BMW, placer de conducir... Llevan décadas con esos conceptos estratégicos que son el eje de su comunicación, y sobre el que se han hecho innumerables anuncios y campañas creativas capaces de seguir llamando la atención y llegando a los nuevos consumidores. Son buenos ejemplos de cómo la publicidad no es solo un acto creativo, sino un proceso que nace de la estrategia, y cuando se hace correctamente, paga dividendos a largo plazo.

## El teatro de la marca

Para conseguirlo, todas las marcas pueden crear sus propios escenarios emocionales. Algunas lo tienen más fácil, porque sus productos están ligados claramente a emociones que siente mucha gente.

Un buen ejemplo está en el mundo de la moda, con los desfiles de alta costura en ciudades como París, Milán o Nueva York, esos escenarios que construyen el teatro emocional de las marcas. Las pasarelas son espacios en los que las marcas proyectan una imagen de lujo y exclusividad, emociones que se transmiten al público por los medios de comunicación.

Armani, Versace, Dior, Balenciaga e Yves Saint Laurent son marcas admirables capaces de crear un entorno atractivo y emocional sobre sus productos. Los más famosos actores, modelos y artistas usan sus prendas en eventos como el Festival de Cannes o los Óscar. Esa emoción se traduce en ventas de productos mucho más accesibles, pero siempre bajo el mismo paraguas emocional de la marca.

No todas las marcas tienen la posibilidad de trabajar en escenarios tan glamurosos, pero todas pueden crear su propio teatro, por ejemplo, las marcas financieras, de seguros, relojes, bebidas alcohólicas y otros productos que buscan sumar a sus valores la emoción patrocinando eventos deportivos, musicales y culturales. Esto les permite vincular su marca con la pasión y la energía de los deportes o el espectáculo, especialmente cuando se asocian con equipos, atletas de élite, cantantes y grupos musicales que atraen multitudes en todo el mundo. Con imaginación y creatividad las marcas pueden llevar las emociones mucho más allá.

## La emoción como estrategia

El *whisky* Cutty Sark, por ejemplo, ha creado un canal propio de televisión por Internet para mostrar lo que ocurre en las grandes capitales del mundo. La vida nocturna, la música, el arte y la diversión se convierten en la extensión de su marca, transmitiendo sensaciones de lujo, exclusividad y estilo a través de *YouTube*.

Hasta una marca de un producto muy lejos de poder ser emocional, el desodorante Axe, ha encontrado cómo conectar emocionalmente con su público objetivo. Con humor, Axe ha logrado el éxito diciendo que los hombres que lo usan se hacen irresistiblemente atractivos para las mujeres. También realizó una campaña en la que dos jóvenes viajan por todo el mundo documentando sus experiencias con las mujeres en un *videoblog,* y creó un videojuego en el que los usuarios pueden interactuar con diferentes «tipos» de mujeres. Una publicidad que conecta con su público de manera divertida y atrevida.

Como decía Heráclito de Éfeso: «Nadie se baña dos veces en el mismo río, porque todo cambia en el río y en el que se baña». En el mundo actual, la única constante es el cambio. Los mercados, las tecnologías, las tendencias..., todo está en constante evolución. Construir una marca sólida es un proceso que lleva tiempo, pero se logra con estrategia y creatividad. Las grandes marcas no nacen de la nada; se construyen, y deben adaptarse a todos los cambios que se van produciendo. Y la publicidad, especialmente la masiva, sigue siendo el vehículo más poderoso para crear y consolidar esa construcción a lo largo del tiempo. Porque, al final, las marcas que logran conectar emocionalmente con sus consumidores y construir una reputación sólida son las que perduran y se mantienen con éxito en el mercado.

La construcción de una marca se realiza a través de un proceso cuidadoso que requiere estrategia, creatividad y, sobre todo, una clara conexión emocional con el público. Las marcas no nacen de un día para otro, sino que se crean, se trabajan y se consolidan con el tiempo.

# 6
## LA CONFUSIÓN DIGITAL

**No hay que llamarlo Internet cuando se quiere decir redes sociales**

Está clara la importancia decisiva que tienen las marcas para el éxito de cualquier empresa en el mercado, y cómo lograrlo es una labor constante de mucho tiempo, esfuerzo, inversión, estrategia y creatividad. Además, la explosión de Internet como canal de comunicación en el que están presentes todos los medios de comunicación tradicionales, junto a otros nuevos que evolucionan de forma rapidísima, ha supuesto un catalizador que impulsa aún más el valor de las marcas, en un panorama donde la confusión es enorme para los consumidores, las agencias, los anunciantes e, incluso, muchos de los profesionales más preparados.

Hoy día todo es digital, y se habla de digital como si fuera un medio de comunicación, cuando en realidad es una tecnología. La radio es digital, como la televisión, los diarios y revistas, la publicidad exterior y el cine. Cuando se escucha la radio por el teléfono móvil o un *podcast* en el ordenador es lo mismo que si se hace por el aparato tradicional de Onda Media o Frecuencia Modulada. Al programa de la cadena SER, la Cope u Onda Cero, a los locutores Carlos Alsina, Carlos Herrera o Carles Francino, les da igual que se escuche a través de las ondas hertzianas que llevan utilizándose desde hace 100 años (las primeras emisiones en España fueron en 1924) o por las más innovadoras tecnologías digitales.

El medio no se define por ser digital, sino por su contenido y características. Y la publicidad siempre se ha adaptado a las posibilidades de cada uno de los medios: los diarios y revistas, la publicidad exterior, la radio y la televisión. La inversión publicitaria que se realiza en diarios busca unos lectores y un público objetivo determinado que no hace tanto leía el medio impreso en papel, y ahora lo hace en gran medida en otros soportes y pantallas digitales, como el ordenador, la tableta, la televisión o el teléfono móvil inteligente *(smarthphone)*.

Cuando se habla de medios convencionales o tradicionales se entiende que son la televisión, la radio, la prensa o la publicidad exterior. Todos ellos se han digitalizado en mayor o menor medida, pero siguen siendo los mismos medios en su esencia. La prensa digital no deja de ser prensa; la radio digital sigue siendo radio y la televisión digital es televisión. Han cambiado los formatos, pero no tanto lo fundamental de los medios.

Lógicamente, los medios se han adaptado a la nueva realidad y nuevas tecnologías: los diarios actualizan las noticias de forma inmediata sin tener que esperar al día siguiente para imprimirlas en papel. Los programas de radio, además de escucharse en directo mientras se emiten, también se pueden oír grabados como *podcast*. La televisión permite elegir a la carta la programación que quiere verse en cada momento. Las pantallas digitales de publicidad exterior pueden emitir vídeos y anuncios con movimiento y adaptar su creatividad a cada momento del día, a la climatología, o incluso al público que pasa por delante. Pero, en esencia, siguen siendo los medios de siempre con la lógica evolución que aporta la tecnología digital.

## La confusión de los medios

En lugar de hablar del medio «digital» hay que hablar de los contenidos y los formatos que se distribuyen a través de esas plataformas, que son simplemente la tecnología que permite que esos contenidos lleguen a los consumidores.

El problema surge cuando se usa el término «digital» como un enorme cajón de sastre en el que está todo. No es lógico clasificar medios tan diferentes entre sí como los sitios *web,* los buscadores, las redes sociales o incluso el correo electrónico y la mensajería instantánea bajo el mismo paraguas de «digital» o «Internet». La naturaleza de los medios está cambiando de forma vertiginosa y, aunque sabemos que este cambio no es siempre fácil de digerir a la hora de traducirlo en un informe objetivo, resulta absurdo sumar medios tan absolutamente diferentes como *Search, Websites* y redes sociales bajo el mismo epígrafe de Internet o digital. Es un error conceptual, pues aunque la digitalización es omnipresente, los contenidos son radicalmente diferentes.

El estudio de inversión publicitaria de Infoadex ya ha reconocido este problema, y diferencia las inversiones que antes aparecían como digital o Internet en tres grandes apartados o medios: buscadores, redes sociales y *websites.*

El estudio AMES, Análisis del Marketing en España, realizado por la Asociación de Marketing de España, AMKT, divide «el entorno digital» en enlaces patrocinados, redes sociales, *display*+vídeo (anuncios en *websites*) y comunicación digital, que incluye otras inversiones de las empresas como sus propios sitios *web.*

Y la IAB Spain, en su informe elaborado con PWC, distingue en la «inversión en publicidad digital» nueve apartados: *Search,* Redes Sociales, *Display* (sin redes sociales ni *Branded Content*), Clasificados, DOOH (Publicidad Exterior Digital), Audio Digital, *Branded Content, Influencers* y TV Conectada.

Es evidente que hay varios medios, canales o herramientas de publicidad digital que no deberían mezclarse, fundamentalmente el *search* o los buscadores como Google, las redes sociales como Facebook o Instagram, y las *websites* como *blogs* o los portales de noticias. Son plataformas que funcionan de maneras muy diferentes, con públicos distintos, objetivos distintos y formas de interactuar con los usuarios muy distintas. Agruparlas bajo el mismo término es un error y oculta la verdadera naturaleza de cada uno de esos medios.

## Una clasificación incorrecta

Al clasificarlo todo como «digital» o «Internet» en los informes que se presentan a los anunciantes no se refleja la realidad de los medios y puede llevar a conclusiones incorrectas. Cada medio tiene sus propias características y requiere estrategias diferentes. Si la información sobre la inversión publicitaria no se presenta con claridad, se corre el riesgo de perder de vista lo que realmente ocurre en el mercado.

La inversión publicitaria en televisión sigue siendo mucho más alta que la que se realiza en las *websites* o en las redes sociales, pero al clasificar todo agrupado como «digital» puede hacer creer lo contrario. Lo más importante es que esta confusión digital puede distorsionar las decisiones de inversión publicitaria.

Seguir diciendo que «digital» es el medio con mayor inversión publicitaria es un engaño colectivo. Según el Estudio Infoadex de la inversión publicitaria, en 2023, Digital alcanzó los 2.810,4 millones de euros, pero en realidad esta cifra es el resultado de sumar los 1.069,7 millones de euros invertidos en *Websites*, 951,5 millones de *Search* y 789,3 millones de Redes Sociales. Por su parte, la televisión tuvo una inversión de 1.735 millones de euros, muy superior a cualquiera de estos tres «medios» digitales, por lo que sigue siendo el líder indiscutido y medio de mayor inversión.

Dentro de lo que Infoadex incluye como publicidad digital, las redes sociales son plataformas poderosas y desempeñan un papel importante en las estrategias de marketing, pero hay un peligro evidente si la construcción de una marca se intenta basar en las redes sociales.

Las redes sociales son indudablemente herramientas útiles para ciertos objetivos, como generar tráfico, aumentar ventas a corto plazo, interactuar con el público, etc. Pero no deben ser el pilar básico en la estrategia de construcción de una marca, pues es fundamental usar todas las herramientas disponibles, combinando la publicidad tradicional en televisión y otros medios con el uso adecuado de las redes sociales y otros canales y técnicas de comunicación.

La clave está en la diversificación, y no perder de vista el poder de los medios tradicionales. Porque esta confusión digital ha llevado a pensar en algunos casos que las redes sociales lo son todo, y no hay que dejarse llevar por una clasificación que, lejos de aclarar, oscurece y confunde lo que realmente está ocurriendo en el mercado.

Es necesario clasificar correctamente los medios y las plataformas evitando la confusión entre digital e Internet, y resaltando la importancia de usar estrategias diversificadas en las que los medios convencionales tienen un papel fundamental, en vez de confiar exclusivamente en las redes sociales y la publicidad digital.

# 7
## LAS REDES SOCIALES ESTÁN SOBREVALORADAS

### La experiencia de Presidentex: ¿cuánto valen más de 300.000 seguidores?

¿Qué valor tienen las redes sociales para la comunicación de una marca? ¿Cuánto aportan realmente? Es un tema sobre el que hay mucho que analizar y debatir en el mundo de la publicidad y el marketing.

La experiencia de Presidentex es muy esclarecedora en este sentido. Es un grupo de profesionales con una experiencia considerable en redes sociales. Bastan unos pocos datos: actualmente, Agustín Medina tiene unos 238.000 seguidores en TikTok, 15.000 en Twitter y 8.500 en YouTube. Entre los cuatro miembros de Presidentex suman cerca de 300.000 seguidores. Pero cuando se plantea el tema de las redes sociales en las conferencias y foros en los que participa Presidentex, siempre surge cierta curiosidad y desconfianza, pues los jóvenes los consideran como «personas mayores que saben mucho de publicidad, pero no tienen ni idea de las redes sociales».

En un auditorio lleno de 500 jóvenes estudiantes universitarios, Presidentex puso en marcha una pequeña dinámica para ver cómo estaban las redes sociales entre los asistentes. Comenzaron preguntando: «¿Quién tiene X (antes Twitter)?» La mayoría levantó la mano. «¿Quién tiene 100 seguidores en X?». Alzaron la mano muchos. «¿Quién tiene 1.000 seguidores?». Aquí ya levanta la mano menos del 20%. «¿5.000?». Apenas tres personas. «¿Y

10.000?». Solo levantó la mano el propio Agustín Medina, que aclaró que tiene 15.700 seguidores.

Es una cifra que no sorprende tanto. Pero al hablar de TikTok, la cosa cambia. «¿Quién tiene TikTok?». Muchos lo tienen y siguen a otros, pero no tienen apenas seguidores. «¿Quién tiene 100 seguidores en TikTok?». De los 500, unos 100 levantan la mano. «¿Quién tiene 1.000 seguidores en TikTok?». Ya no queda casi nadie. «¿Y cuántos tienen más de 100.000?». Cuando Agustín Medina señala que tiene 238.000 seguidores en TikTok, los jóvenes se sorprenden.

La anécdota demuestra que los miembros de Presidentex pueden hablar con conocimiento y propiedad sobre las redes sociales a partir de su propia experiencia personal y profesional acumulada.

## Dar *likes* sin ver los vídeos

En TikTok, la red aporta datos y estadísticas diarias sobre los vídeos que suben los creadores de contenido. Por pura lógica, esas estadísticas no son manipuladas, pues la plataforma tiene todo el incentivo para mostrar sus datos verídicos y ajustados, ya que pueden servir a los creadores de contenido para conocer mejor lo que tiene éxito y repercusión y aprender de las cosas que hacen y pueden mejorar en el futuro.

El vídeo más visto de Agustín Medina tiene aproximadamente 1,5 millones de visualizaciones y más de 300.000 *likes*. Además, 40.000 personas han dicho que lo han compartido y 50.000 más lo han marcado como favorito. Con estas sorprendentes cifras, ¿cuánta gente ha visto realmente el vídeo completo? Solo un 15 % de las personas que comenzaron a ver el vídeo lo terminaron. Eso sí, más de 300.000 pusieron un like, la mayoría sin ver el vídeo hasta el final.

Un promedio de apenas el 6 % de los espectadores ve completos los vídeos en TikTok. Y eso que son vídeos de 30 o 40 segundos con contenidos que, se supone, les interesa, pues no son anuncios, sino algo que se hace para ser atractivo. Sin embargo, la tasa de retención es muy baja. La gente hace *zapping* todo el tiempo, y cuando se queda mirando no siempre es porque lo considera relevante o interesante.

El nivel de visualización en redes sociales es muy bajo, y aunque haya una gran cantidad de *likes,* no significa que haya un *engagement* real con el contenido. Los seguidores, a menudo, dan *like* por simpatía con el autor o por simple moda, pero no porque realmente hayan consumido el contenido y les guste. Es una forma de interacción meramente superficial.

Los comentarios también son curiosos. Muchos escriben largas respuestas, aunque ni siquiera han visto el vídeo completo. Hay usuarios que se quedan con los primeros tres segundos del vídeo, o incluso solo con la miniatura, y se aventuran a comentar antes de ver el contenido en su totalidad.

Todo esto refuerza la idea de que las redes sociales no siempre generan el impacto que se cree. Los números pueden ser altos, pero el *engagement* real, la conexión auténtica con la audiencia, es muy limitada.

El verdadero valor de las redes sociales está en entender cada plataforma, pues son herramientas poderosas siempre que se tenga en cuenta que no sustituyen a una estrategia de comunicación sólida y bien planteada. Son solo una parte, y no la más importante y decisiva, de un panorama mucho más amplio.

Cada red social tiene su propio rol y propósito, y es importante entender para qué sirve cada una. En pocas palabras, se puede explicar el papel que tienen las principales redes sociales.

## La plaza del pueblo: X (antes Twitter)

X (antes Twitter) es como la plaza del pueblo, el lugar donde todos se reúnen a opinar, a compartir noticias o simplemente a debatir sobre cualquier tema. Es una plataforma donde la conversación es rápida y efímera, y donde la información se consume de forma fragmentada. Twitter es el lugar de los comentarios instantáneos y la opinión al vuelo, pero no es un espacio donde se construyan relaciones profundas o se pueda crear contenido mínimamente duradero.

## Marca personal: TikTok

TikTok tiene un enfoque completamente diferente al ser una plataforma donde, sobre todo, se puede construir una marca personal. Los vídeos en TikTok son cortos y rápidos, lo que permite crear contenido de alto impacto, pero la retención es muy baja. La construcción de marca personal se da por la frecuencia, la creatividad y la personalidad que los creadores pueden transmitir a través de los contenidos. El crecimiento de seguidores es exponencial si se logra conectar de forma efectiva con la audiencia, pero es importante recordar que casi nunca se genera un compromiso profundo. El contenido se consume rápidamente y se olvida de la misma manera.

## LinkedIn: marca personal y profesional

LinkedIn tiene un enfoque más profesional, es la red donde la marca personal se construye en torno a los intereses profesionales. En LinkedIn, la audiencia espera contenidos relacionados con la profesión, la experiencia y el desarrollo laboral, lo que hace que sea el lugar ideal para crear relaciones profesionales, así como establecer, mantener y aumentar la credibilidad y el prestigio en el mundo laboral.

## Instagram: marca personal en estética y moda

Instagram es una red, ante todo, visual, que está más centrada en la estética y la moda, y se ha convertido en una plataforma donde la marca personal se construye a través de la imagen. Predominan las fotografías, los vídeos de calidad y los perfiles estilizados. A la gente le interesa lo que se ve, mucho más que lo que se dice. Es una red donde la imagen personal es la estrella, y el *engagement* depende más de la presentación y la estética antes que del contenido.

## Facebook: relaciones personales y familiares

Facebook se mantiene como la red más personal en la que predominan las relaciones familiares y de amistad. Su relevancia ha disminuido entre los públicos más jóvenes, pero sigue siendo un espacio importante para muchos otros en el que se comparten noticias personales, eventos familiares y de amistad, y se mantiene el contacto con los seres queridos o con grupos con intereses comunes. Es una red en la que no se construye una marca profesional o de negocio, pues se trata más bien de mantener la conexión personal.

La experiencia de Presidentex con las redes sociales confirma que están muy sobrevaloradas si se considera lo que realmente aportan al desarrollo de una marca o a la construcción de relaciones auténticas y duraderas. Las redes sociales pueden ser útiles para dar visibilidad y generar interacción con las marcas, pero la profundidad de la interacción y relaciones es muy limitada.

# 8
# LOS *INFLUENCERS* Y LAS MARCAS

## De los prescriptores comprometidos al marketing de compromiso

Una parte clave de la comunicación comercial y la publicidad en las redes sociales la asumen los *influencers,* que en pocos años parecen haberse convertido en una herramienta fundamental para las marcas. Es evidente que la relación entre las marcas y los *influencers* ha evolucionado de tal forma que ha cambiado profundamente el panorama de la publicidad. Con bastante frecuencia, se habla de cómo los *influencers* están reemplazando a los clásicos prescriptores, pero la diferencia entre un prescriptor y un *influencer* es muy básica y fundamental.

En el pasado, los prescriptores eran figuras famosas que habitualmente firmaban una exclusividad con las marcas que representaban. Cuando la actriz Carmen Maura hacía un anuncio de Monkey, o Bernard Le Coq invitaba a probar la tónica Schweppes, tenían un contrato exclusivo con esas marcas. Los prescriptores estaban ligados a una marca de forma clara y comprometida, mantenían una relación profunda y estable y eran fieles a las marcas que representaban.

Carmen Maura se estrenó con el café Monky en 1981, en pleno éxito como presentadora del programa de televisión «Esta noche», y solo anunciaba esa marca, con la frase «Tacita a tacita», que se hizo muy popular destacando cómo se podía ahorrar tomando esa marca de café frente a la poderosa competencia.

El actor francés Bernard Le Coq anunció Schweppes desde 1978 hasta 1990, y durante todo ese tiempo fue la única marca que recomendaba en España. La campaña logró que sea uno de los pocos países del mundo en la que se toma la tónica sola como refresco, multiplicando las ventas al conseguir que pueda beberse a lo largo de todo el día, y no solo combinada con alcohol. Estaba la dificultad añadida de conseguir que los que la probasen por primera vez repitiesen, pues su sabor ligeramente amargo no es tan habitual. Y había que llegar a los jóvenes veinteañeros, pues hasta esa edad suelen gustar los sabores de refrescos más dulces. La invitación a probar la tónica repetida durante años con el mismo prescriptor logró el éxito que habría sido imposible a corto plazo.

El actor inglés Clive Arrindell, el conocido «calvo de la Lotería de Navidad», protagonizó la campaña desde 1998 hasta 2005, y cuando ONLAE adjudicó la campaña a otra agencia que cambió radicalmente la creatividad y dejó de utilizar este personaje, siguió cobrando los cuatro años más que figuraban en su contrato de exclusividad para España, donde no podía aparecer en ninguna otra publicidad. Solo en 2019, muchos años más tarde, fue contratado para protagonizar la campaña de Pescanova, y aún entonces seguía siendo un personaje muy asociado a la Navidad y mantenía un gran recuerdo, reconocimiento y aprecio entre los españoles. Pero cuando cambió de marca para anunciar langostinos no tuvo ni mucho menos el mismo éxito ni notoriedad.

## De la fidelidad al alterne

Hoy en día, ese modelo de exclusividad ha cambiado radicalmente. Los *influencers* más reconocidos de España, como María Pombo, Ester Expósito, Aida Domenech, Paula Gonu, Gegorgina Rodríguez, Pelayo Díaz o Sergio Carvajal, ya no están ligados a las marcas que anuncian. La diferencia clave es que los *influencers* pueden anunciar una marca hoy y otra mañana, sin fidelidad a largo plazo ni exclusividad. Si mañana deciden anunciar bragas, condones o coches, no afectaría a su relación con la marca, porque ya no se trata de prescriptores exclusivos, sino de una nueva forma de relación más líquida y transitoria, más flexible y menos comprometida. Y lo mismo ocurre con muchas famosas celebridades actuales, como Rafa Nadal, Fernando Alonso, Carlos Alcaraz, Aitana, David Bisbal o David Bustamante, que anuncian todo tipo de marcas y productos.

El compromiso entre los prescriptores y las marcas era muy fuerte, con consecuencias habitualmente positivas, aunque también podían llegar a ser negativas. Fue el caso de Michael Jackson con Pepsi, o el golfista Tiger Woods como prescriptor de lujo para ciertas marcas, que cuando sufrieron escándalos en su vida personal varias marcas cortaron rápidamente la relación, y aun así pudieron verse afectadas.

No ocurre lo mismo con todos, pues sigue habiendo casos de éxito en los que se mantiene una relación fiel y comprometida entre un famoso y una marca, como George Clooney con Nespresso, de la que es el rostro y prescriptor desde 2006, acompañado en ocasiones por otras celebridades. Con gran innovación de producto, buen marketing y excelente publicidad, la marca ha logrado un éxito extraordinario cambiando uno de los sectores más tradicionales, el café, aportándole un grandísimo valor añadido: millones de consumidores están dispuestos a pagar por un café hecho en casa cinco o seis veces más de lo que pagaban antes.

Quitando alguna excepción, por lo general, el compromiso de los famosos, *influencers* y creadores de contenidos con las marcas es hoy día mucho más frágil. La mayoría de las veces es más una estrategia táctica y puntual que una relación de fidelidad y compromiso. Por eso la aportación de la celebridad a la marca es mucho menor: en bastantes casos los seguidores no tienen nada claro la marca que se anuncia, e incluso hay bastante confusión.

A lo largo de su trayectoria, Fernando Alonso ha corrido con Minardi (2001), Renault (2003-2006), McLaren-Mercedes (2007), otra vez Renault (2008-2009), Ferrari (2010-2014), McLaren-Honda (2018), Alpine (2021-2022) y Aston Martín (desde 2023). La lista de marcas que le han patrocinado y anunciado es kilométrica. Lógicamente, es casi imposible que alguna marca consiga que sus recomendaciones se consideren mínimamente fiables y auténticas. En la inmensa mayoría de los casos, ya no son prescriptores, prácticamente olvidados la fidelidad y el compromiso con la marca.

## El nacimiento del *Advertainment*

La tendencia actual ha derivado a lo que se conoce como *Advertainment,* resultado de unir *Advertising* (publicidad) y *Entertainment* (entretenimiento). El concepto no es realmente nuevo, pero darles un nombre muchas veces sirve para lograr popularidad y reconocimiento.

Como tantas cosas, la idea de mezclar la publicidad con el entretenimiento tiene una larga historia: uno de sus primeros ejemplos data de 1929, cuando los productores de espinacas encargaron al dibujante Elzie Crisler Segar, creador de tiras cómicas e historietas que aparecían en los diarios de la época, que inventara un personaje que se volviera extremadamente fuerte cada vez que comía espinacas. Popeye se convirtió en un personaje icónico que ayudó a aumentar el consumo de espinacas gracias a esta forma de publicidad integrada en un contenido atractivo para los consumidores, y que hoy día también se conoce como *Branded Content,* o contenidos de marca.

Otro ejemplo notable es la película «Uno, dos, tres» de Billy Wilder, realizada en 1961. En esta película, un joven de Berlín Este se enamora de la hija del presidente de Coca-Cola, lo que genera una serie de situaciones cómicas en una planta de la marca de refrescos de Berlín. Esta película no solo es una comedia divertidísima, sino que también sirvió como una especie de *spot* publicitario de larga duración para la marca.

La película «Náufrago» (2000), protagonizada por Tom Hanks, también se podría considerar un anuncio de dos horas para la marca de envíos urgentes Federal Express y la marca deportiva Wilson, con un balón que se convierte en compañero inseparable del solitario protagonista perdido en la isla. La marca se inserta en el contenido de manera tan natural que ni siquiera se siente como publicidad tradicional.

Hay un caso muy reciente de *Branded Content* o *Advertainment* que ha tenido un éxito tan descomunal que trasciende las fronteras del marketing. La película «Barbie», dirigida por Greta Gerwig, no solo ha sido la más taquillera de 2023, recaudando más de 1.445 millones de dólares en todo el mundo, sino que ha modernizado e incrementado el valor de la marca de muñecas de Mattel de forma que no podría haberlo hecho ninguna campaña de publicidad tradicional.

La película modificó sustancialmente la imagen de marca clásica que tenía Barbie y le aportó una personalidad mucho más moderna y empoderada, con cierto feminismo moderno y reivindicativo de «lucha contra el patriarcado» y con el mensaje de que cualquier mujer puede llegar a ser lo que quiera. Millones de chicas y mujeres de todas las generaciones que habían olvidado totalmente sus «barbies» se volvieron a vestir de rosa chicle y comprar todo tipo de productos relacionados con la marca, que firmó contratos de *merchandising* y licencias con más de un centenar de marcas, incluyendo Zara, GAP, Forever, Crocs, Nike, Superga, Primark, Hot Topic, Xbox, Burger King, Google, Airbnb... Solo en el primer mes tras el estreno de la película las acciones de Mattel subieron un 15 %.

## *Engagement* marketing: un marketing de compromiso

Otro ejemplo de esta tendencia es el *Advergaming,* o publicidad integrada en videojuegos, que sigue el mismo patrón: integrar la marca de una manera entretenida en contenidos que consume el usuario. Algo fundamental teniendo en cuenta que la industria del videojuego factura más que el cine y la música juntos, y para las nuevas generaciones son algo que forman parte de su vida de forma natural y cotidiana.

Todo esto encaja dentro de un concepto más amplio que está cobrando fuerza: el *Engagement Marketing,* o Marketing de Compromiso. Es un modelo que representa un cambio fundamental en la manera en que las marcas interactúan y se relacionan con los consumidores. En la comunicación y publicidad tradicionales, las marcas simplemente lanzaban su mensaje y los consumidores lo recibían de forma pasiva, mientras el *Engagement Marketing* pone al consumidor en el centro del proceso.

El consumidor ya no es solo ese receptor pasivo de los mensajes publicitarios que interrumpen su vida diaria, sino que tiene el poder de decidir cuándo, cómo y dónde quiere interactuar y establecer su relación con las marcas. Es un marketing que permite una relación bidireccional en la que el consumidor tiene un papel mucho más activo, pues se busca crear compromiso, no solo llamar la atención.

## Emociones y experiencias de marca

Un buen ejemplo es el trabajo de Pirelli, que, a través de su plataforma pirellifilm.com, ha producido varias películas exclusivas que se pueden ver a través de Internet. Películas como «The Call», protagonizada por John Malkovich y Naomi Campbell, o «Misión Zero», con Uma Thurman, son productos cinematográficos de altísimo nivel que han sido creados con el objetivo de vincular la marca a emociones y experiencias profundas, más allá de un simple anuncio. Son producciones que se insertan en la vida de los consumidores de forma orgánica, generando una conexión más emocional y duradera con la marca.

Muchos años antes, en 2001, BMW realizó una serie de cortometrajes en Estados Unidos, «The Hire», protagonizados por el actor Clive Owen y dirigidos por John Woo, Ang Lee, Guy Ritchie, Alejandro González Iñárritu y otros grandes directores de cine de Hollywood. Eran auténticas películas de 10 a 20 minutos donde aparecían los coches de BMW formando parte de la acción, pero sin tener nada que ver con los anuncios o *spots* clásicos. Solo se podían ver por Internet, donde lograron millones de visionados pese a que por entonces, a comienzos del siglo XXI, no existía el *streaming* y descargar una película para verla en el ordenador tardaba horas.

Este tipo de contenido de marca busca establecer una relación auténtica con el consumidor. Es algo que no solo se ve en el cine o en los videojuegos, sino que se extiende a la publicidad digital, donde los *influencers* y los creadores de contenido desempeñan un papel fundamental. Si se hace con una buena estrategia y creatividad, el consumidor interactúa con los contenidos de la marca y no percibe que está viendo un mensaje publicitario, sino que se siente parte de la historia, de la imagen y de la identidad de la marca, que forma parte de su propia vida, como esos millones de personas que se vistieron de rosa para ir al estreno de Barbie en los cines de todo el mundo.

Las marcas que lo entienden tienen la oportunidad de establecer relaciones más profundas con sus consumidores, pero, para lograrlo, deben ser conscientes de los cambios y de cómo los consumidores están buscando más que simples mensajes comerciales: quieren compromiso, entretenimiento y autenticidad.

El antiguo modelo de los prescriptores ha evolucionado a una nueva forma de interacción basada en la flexibilidad, la transacción y, sobre todo, el entretenimiento. Hoy en día, las marcas ya no pueden depender solo de los *influencers* como prescriptores exclusivos; deben integrar la publicidad en experiencias más amplias, como el *advertainment* y el *engagement marketing*.

# 9
# LA PUBLICIDAD EN REDES SOCIALES

## *The Ad Contrarian* y el «embudo» de Bob Hoffman

Uno de los analistas más influyentes sobre la publicidad digital y las redes sociales es Bob Hoffman con su *blog The Ad Contrarian*. Considerado uno de los principales referentes en marketing y publicidad, Hoffman es una voz muy crítica del modelo actual de la publicidad digital, especialmente cuando se trata de las redes sociales y las promesas de resultados milagrosos en comunicación.

Uno de sus conceptos más conocidos es lo que denomina el «embudo» de la publicidad digital, con el que explica cómo cada dólar que se invierte en publicidad en redes sociales se va perdiendo en distintos filtros y procesos hasta que al final solo queda una fracción del valor original.

En primer lugar, gran parte del dinero invertido se desvanece por los intermediarios tecnológicos, como las plataformas publicitarias y redes de distribución, que toman un porcentaje significativo. A continuación, los *bots* y el tráfico fraudulento también contribuyen notablemente a diluir el impacto de la inversión de las marcas, que obtienen un rendimiento muchísimo menor del que esperan. Al final del proceso, Hoffman estima que solo el 3 % de la inversión publicitaria realizada llega al público objetivo real. En otras palabras, por cada dólar invertido apenas tres céntimos llegan a su destino final.

Se atribuye a John Wanamaker, dueño de unos grandes almacenes en Estados Unidos a comienzos del siglo xx, la famosa frase: «La mitad del dinero que gasto en publicidad se desperdicia; el problema es que no sé qué mitad».

En teoría, los enormes avances de la publicidad, los medios de comunicación y la tecnología deberían haber conseguido reducir ese «desperdicio publicitario», pero Hoffman y otros expertos señalan que el porcentaje ha crecido hasta límites insospechados. La falta de transparencia y la complejidad del ecosistema digital generan un círculo vicioso en el que las marcas no solo pierden su dinero, sino que la capacidad de medir el impacto real de sus campañas y acciones de comunicación es mínima.

## Publicidad corrupta, opaca y peligrosa

Bob Hoffman opina que en muchos casos la publicidad digital es «corrupta, opaca y peligrosa» por sus prácticas caracterizadas por falta de transparencia, fraude y explotación de los datos de los consumidores.

Para Hoffman, el «pecado original» de la publicidad digital es el *tracking,* el seguimiento masivo e invasivo de los comportamientos *online* de los usuarios, pues pone en peligro la privacidad de los consumidores y genera un entorno de desconfianza. Considera que la gente odia la publicidad en gran medida por la manera en que pisotea su propia privacidad recopilando datos de manera indiscriminada. Las marcas, en lugar de ser vistas como fuentes de información útil, son percibidas como ladronas de datos.

Además, Hoffman señala que hoy día hay más tráfico en la *web* generado por *bots*, robots automatizados, que por seres humanos. Estos *bots* hacen que las métricas de rendimiento de las campañas publicitarias sean totalmente engañosas, pues las marcas creen que están llegando a usuarios reales cuando en realidad están gastando dinero en tráfico falso. Este fenómeno no solo perjudica a las marcas directamente implicadas, sino que influye en todo el mercado al distorsionar la percepción de la efectividad de la publicidad en redes sociales.

Hoffman critica también que la publicidad digital ya no proporciona información valiosa, sino que roba esa información a los usuarios. Las campañas publicitarias que antes estaban orientadas a ofrecer valor e informar al consumidor sobre un producto o servicio se han transformado en herramientas de recolección de datos, utilizados para crear perfiles detallados y dirigidos para futuras campañas. La publicidad ha dejado de ser un servicio al consumidor para convertirse en una forma de explotación.

## Interactividad: la gran excusa

Uno de los argumentos más utilizados por los defensores de la publicidad en redes sociales es la interactividad, que en teoría mejora la experiencia de los usuarios y convierte la publicidad en algo más atractivo, participativo y dinámico. Pero Bob Hoffman afirma que la interactividad en la publicidad digital termina siendo en muchos casos solo una excusa para justificar la invasión de la privacidad de los usuarios.

En realidad, a nadie le interesa interactuar con la publicidad. Los consumidores no buscan tener una relación directa con los anuncios que ven, ni mucho menos involucrarse activamente con ellos. De hecho, uno de los mayores beneficios de la interactividad es que permite a los usuarios evitar la publicidad. Los *Adblock* están instalados en muchos ordenadores y dispositivos porque permiten a los usuarios la posibilidad de escapar de los anuncios. Los consumidores están cansados de ser bombardeados e interrumpidos constantemente con la publicidad, y buscan una experiencia sin interrupciones.

El porcentaje de clics en los anuncios de plataformas como YouTube es mínimo, por debajo de uno de cada mil usuarios, cifra que refleja la ineficacia de los anuncios digitales a la hora de captar la atención real de los consumidores y pone en evidencia el mínimo impacto real que estos anuncios tienen en los usuarios. Pese a la constante promesa de que las redes sociales consiguen mayor eficacia, la realidad es que en la mayoría de los casos los resultados no justifican la enorme inversión.

## Falta de transparencia, *bots* y privacidad

En resumen, la publicidad en redes sociales plantea varios problemas sin resolver, comenzando por la falta de transparencia y la complejidad del ecosistema publicitario digital, que impiden a las marcas comprobar cómo se distribuyen sus inversiones y el impacto real en sus públicos objetivos. Las plataformas publicitarias y los intermediarios tecnológicos se quedan con una gran parte de la inversión sin que los anunciantes consigan una visión clara de lo que obtienen con su dinero.

En segundo lugar, el enorme fraude digital mediante *bots* y tráfico no humano es un obstáculo importante para el crecimiento y la efectividad de la publicidad en redes sociales.

Por último, la intromisión en la privacidad y la falta de respeto por los datos del consumidor generan un entorno de desconfianza que afecta directamente a la imagen y percepción de la publicidad digital. Los consumidores se sienten cada vez más invadidos por el seguimiento constante de sus actividades, y así aumenta su resistencia a la publicidad digital. Combinado con la ineficacia de los anuncios para captar la atención real de los usuarios, desemboca en una lógica y creciente frustración con la publicidad en redes sociales.

La publicidad en redes sociales está lejos de ser perfecta, y para que sea más eficaz debe desmantelarse el ecosistema corrupto que la rodea y reemplazarse por un modelo más honesto y eficiente. Los consumidores están cansados de la invasión de su privacidad, mientras las empresas sufren la falta de transparencia y la creciente ineficacia de los anuncios. Para que la publicidad digital sea efectiva es necesario que las plataformas y las empresas adopten prácticas más éticas y transparentes que respeten la privacidad del usuario y les ofrezcan un valor real más allá de la simple recolección de datos.

# 10

# EL FRAUDE DE LAS AUDIENCIAS

## Casi el 49% de la inversión digital se pierde en los sistemas *AdTech*

Como se señalaba en el capítulo anterior, la publicidad en redes sociales y el ecosistema digital en general están llenos de promesas de precisión, eficacia y segmentación perfecta que no se corresponden con la realidad, y cada vez hay más evidencias de efectos negativos y prácticas poco éticas. Uno de los problemas más evidentes denunciado por la Federación Mundial de Anunciantes (WFA) es el fraude de las audiencias, pues ha alcanzado niveles tan alarmantes que, según algunos estudios, en 2025 podría superar en volumen al dinero del narcotráfico.

Los estudios de entidades como ISBA en el Reino Unido y otros informes independientes revelan que casi el 49% de la inversión digital se pierde en los sistemas *AdTech*, abreviatura de *Advertising Technology*, como se conoce la tecnología publicitaria digital utilizada para planificar, diseñar y medir las campañas de marketing y publicidad. Son tecnologías que incluyen diversas herramientas, que van desde la compra y venta de anuncios hasta el análisis de los datos del grupo objetivo.

En teoría, optimizan la automatización, la escalabilidad y la rentabilidad de las campañas publicitarias. Pero la realidad es que uno de cada tres euros invertidos en publicidad digital resulta imposible de rastrear, porque los sistemas que deberían garantizar que las marcas lleguen al público adecuado tienen tantos fallos que gran parte del presupuesto se desvía o se pierde sin rendir cuentas.

## Medios sin medios y herramientas sin valor

Cada vez son más frecuentes los casos de marcas que, en su afán por estar al día con las últimas tendencias digitales, derivan sus presupuestos publicitarios hacia plataformas y medios digitales cuya mayor virtud es la apariencia de modernidad, y que ofrecen servicios que enmascaran su falta de eficacia con una fachada de vanguardismo.

La mayoría de estas herramientas están bañadas en una nebulosa terminología anglosajona que tiene el único objetivo de darle un aire de sofisticación a soluciones que realmente no ofrecen nada nuevo. La segmentación digitalizada y los sistemas automatizados programáticos se venden como fórmulas mágicas que garantizan un impacto efectivo en las audiencias. La realidad es muy diferente, pues, en muchos casos, las marcas están gastando más dinero del que deberían en fórmulas dudosas que no garantizan ningún resultado tangible.

Lo más preocupante es que, pese a su evidente falta de eficacia, se sigue invirtiendo en ellas, atraídos por la falsa exclusividad que estas herramientas dicen ofrecer. Hay empresas y profesionales del marketing que en la búsqueda constante de lo más nuevo e innovador prefieren apostar por herramientas digitales que les brindan un falso sentido de sofisticación, pese a que las estrategias convencionales basadas en medios tradicionales han demostrado ser mucho más eficaces y rentables.

## ¿Quién toma las decisiones?

¿Quiénes son los verdaderos responsables de que las marcas desvíen una parte significativa de sus presupuestos hacia plataformas de dudosa eficacia? ¿El *product-manager,* el director de marketing o el CEO? ¿Quién tiene y toma la decisión de invertir en estos medios «modernos»?

En bastantes casos hay profesionales que, por ignorancia o conveniencia, se tragan todo lo que les presentan como una «gran oportunidad». Y las empresas terminan pagando el precio de una publicidad ineficaz y hasta posiblemente perjudicial para su imagen.

El desvío de presupuestos a medios y emplazamientos irregulares, poco o mal reglamentados, puede provocar daños en múltiples frentes, comenzando por la propia legislación vigente en materia de comunicación comercial, al poner en entredicho la efectividad de las normas establecidas que protegen a los consumidores. También perjudica a los medios que cumplen con las normas, y al consumidor desprotegido ante el vacío legal y la proliferación de contenidos publicitarios invasivos y engañosos. Al Estado, que deja de recaudar impuestos; a la sociedad, que sufre un impacto negativo en la privacidad; al medio ambiente, pues la huella de carbono generada ya representa el 4 % de las emisiones mundiales de gases de efecto invernadero... Y a las propias marcas y empresas anunciantes, que corren el riesgo de dañar su imagen al vincularse con plataformas poco éticas. A corto plazo, quizá consigan ventas, pero a largo plazo la reputación de la marca puede verse gravemente afectada.

## La necesidad de volver a lo básico

Una publicidad más ética y eficaz pasa por la responsabilidad e involucración real de las marcas. Además de generar mejores resultados, las marcas que apuestan por una publicidad responsable y transparente serán más respetadas y exitosas en el largo plazo.

La clave está en equilibrar lo digital con lo tradicional usando los medios adecuados en el momento adecuado. Para crear una marca poderosa, cuya personalidad esté arraigada en la mente del consumidor, es necesario utilizar los medios publicitarios de siempre, televisión, radio, prensa, revistas, exterior o cine, según los objetivos concretos de caso. Medios que pueden ser digitales o no, eso no es relevante. Porque, además de conseguir mejor eficacia, las empresas actuarán mejor y de forma más responsable.

Ante el fraude generalizado de las audiencias digitales y la falta de una regulación adecuada, son urgentes y necesarias una revisión crítica del panorama publicitario digital actual y una reflexión profunda sobre la responsabilidad de las marcas en su papel como anunciantes, en un entorno cada vez más complejo y lleno de trampas.

# 11
# EL OLIGOPOLIO ALPHABET/META

**La concentración de poder tiene consecuencias más allá del sector publicitario**

Pocos temas son tan claros y preocupantes en el mercado de la publicidad digital como el dominio absoluto que ejercen Alphabet y Meta, oligopolio que ha alcanzado tal magnitud que entre las dos empresas controlan aproximadamente el 70% de la inversión en publicidad digital en todo el mundo. Una concentración de poder que genera consecuencias mucho más allá de la economía y el sector publicitario, pues afectan a la competencia, a la sociedad y hasta al medio ambiente.

El senador Mike Lee, representante de Utah, ha presentado una iniciativa legislativa en Estados Unidos para aumentar la transparencia en las prácticas publicitarias digitales. Lee es un miembro destacado del Partido Republicano, pero también ha recibido el apoyo de senadores demócratas, lo que muestra la creciente preocupación ante el poder desmesurado de ambas compañías.

El proyecto de ley de transparencia busca poner límites al control casi absoluto que tienen estas plataformas sobre la publicidad digital y garantizar que el mercado sea más abierto para las marcas y los consumidores. El proyecto prohibiría a las empresas con más de 20.000 millones de dólares en ingresos por publicidad digital poseer las herramientas para ayudar a comprar y vender anuncios *online* y operar el *Exchange* donde ocurren esas transacciones. La medida también obligaría a las empresas con más de 5.000 millones en ingresos por publicidad digital a actuar en el mejor interés de los clientes y dar una mayor transparencia en la recopilación de datos, los términos de las ofertas ganadoras y las tarifas que cobran, lo que tendría importantes implicaciones para Google, Amazon y Meta.

El proyecto se enfrenta a una de las cuestiones más críticas del entorno digital actual: el uso abusivo de los datos de los usuarios. Según el senador, la explotación que hacen Google y Meta de los datos personales de los usuarios les da un control casi absoluto de la publicidad digital, pues les permite acumular poder en el mercado para bloquear la competencia y aprovecharse de los anunciantes.

El modelo de negocio de estas plataformas se basa en la obtención gratuita de información y contenidos de los usuarios, que luego venden a los anunciantes y por los cuales las marcas deben pagar altos precios. Así, las marcas que invierten en publicidad digital contribuyen a perpetuar el modelo, pese a ser las principales perjudicadas.

## Daños a los medios responsables

El oligopolio está dañando también a los medios tradicionales que sí son plenamente responsables de sus contenidos, sean informativos, de entretenimiento o publicitarios. Los medios que sí están cumpliendo con la legislación, que no trafican ilícitamente con datos personales, que pagan impuestos en España y respetan la propiedad intelectual, se ven sistemáticamente desplazados.

Estas macroplataformas oligárquicas, de ambición económica ilimitada, cuya contribución a la polarización de la sociedad es evidente y nada amigable con el fomento del respeto a las opiniones ajenas, se han convertido en gigantes tecnológicos repetidamente demandados y en varias ocasiones condenados por sus prácticas comerciales, incompatibles con los principios de la libre competencia y de la privacidad personal de los ciudadanos.

Al tener el poder de definir qué contenidos se ven y cómo se difunden, han sido acusadas de fomentar la polarización política y social, creando burbujas de información que refuerzan las creencias y opiniones de los usuarios sin ofrecerles la auténtica diversidad de puntos de vista que convive en la sociedad. Para lograr el objetivo de que los usuarios estén el mayor tiempo posible conectados, los algoritmos establecen los contenidos que mayor impacto y repercusión pueden conseguir en cada uno, creando círculos viciosos altamente peligrosos, por no hablar de la enorme difusión de noticias falsas, bulos y *fakes* en función de sus propios intereses ideológicos, políticos y sociales.

## La complicidad de las marcas

¿Cómo actúan las marcas ante estas plataformas? Parece claro que la mayoría de las marcas que invierten gran parte de sus presupuestos publicitarios en ellas no están reflexionando mucho sobre las consecuencias a largo plazo. Lo primero que se puede pensar es que están comprometiendo su integridad al alinear sus objetivos publicitarios con un sistema que no solo explota a los usuarios, sino que refuerza prácticas en contra de los valores éticos que defienden.

Esta publicidad contribuye a las prácticas de privacidad invasiva y fomenta la dependencia de las grandes plataformas, lo que coloca a las marcas en una situación complicada, pues se vuelven cómplices de un sistema que socava la competencia libre y afecta a los consumidores.

## El impacto ambiental de las *Big Tech*

Uno de los temas más paradójicos de la relación entre las marcas y el oligopolio digital es la complicidad ambiental. Al tiempo que muchas empresas se presentan como responsables y comprometidas con la sostenibilidad, sus inversiones publicitarias en Google y Meta están financiando una de las industrias más contaminantes del planeta.

Las emisiones de $CO_2$ de Google han aumentado un 50 % desde 2019, y según Electronics Hub, en 2021, Alphabet produjo 6.621.312 toneladas de $CO_2$, lo que representa la huella de carbono de 1.655.328 personas. YouTube genera una huella de carbono de

702.000 toneladas al año, equivalente al consumo energético de 27.000 vuelos entre Londres y Nueva York. Meta fue responsable de la emisión de 3.135.000 toneladas de $CO_2$ en 2021. Una única campaña publicitaria digital puede llegar a transmitir a la atmósfera 70 toneladas de $CO_2$, una huella de carbono equivalente a la que producen siete personas en un año.

El estudio «Big Tech's Dirty Secret» de la ONG Global Action Plan señala que el sector tecnológico genera más emisiones que la aviación y representa entre el 2 % y el 3,9 % del total de emisiones a nivel global. Es un modelo de negocio injustificable desde la perspectiva medioambiental, pues las emisiones provocadas por el procesamiento de datos y los mensajes comerciales que publican son inmensas, crecientes e insostenibles.

## ¿Cambiar el modelo publicitario?

El predominio de Google y Meta sobre el mercado publicitario digital es cada vez más inadmisible en términos económicos y éticos. La falta de competencia real, el uso indebido de los datos personales, y el impacto ambiental negativo son solo algunas de las consecuencias que deben hacer reflexionar a todos los actores involucrados. Las marcas deben asumir que sus inversiones no solo tienen consecuencias en sus finanzas y su imagen, pues también contribuyen a prácticas que dañan la privacidad de los usuarios y el medio ambiente.

El proyecto de ley de transparencia propuesto por el senador Mike Lee en Estados Unidos puede ser un paso para cierta regulación de este oligopolio. Pero no bastará con una legislación más adecuada, también es preciso que las marcas asuman su responsabilidad y apuesten por una publicidad más ética y alineada con los principios de sostenibilidad medioambiental y respeto a la privacidad.

Los problemas provocados por la enorme concentración de poder que han acumulado Alphabet y Meta son cada vez más graves, pues ambas empresas se llevan más del 70% de toda la publicidad en buscadores y redes sociales, e imponen unas reglas poco claras y perjudiciales para los ciudadanos, los anunciantes, el medio ambiente y la sociedad en general.

# 12
# LA OBSESIÓN POR LAS AUDIENCIAS MÁS JÓVENES

**La potencia de la *Silver Economy* no se tiene en cuenta en muchas empresas**

En el marketing actual existe tal obsesión por las audiencias jóvenes que en muchos casos parece responder más a un dogma que a una estrategia racional y lógica. Desde los responsables de marketing hasta los estrategas de las agencias, la tendencia dominante es dirigir los esfuerzos publicitarios hacia los jóvenes adultos, especialmente con edades entre 18 y 35 años. Una decisión que supone un alto coste en términos financieros y de eficacia, pues, en muchos casos, las marcas dirigen sus presupuestos a alcanzar a una audiencia que no tiene el poder adquisitivo para comprar sus productos. Incluso hay empresas en las que sus productos los compran los consumidores de más de 50 años, pero hacen publicidad para los de 20 o 25.

La tendencia de dirigirse a los más jóvenes se conoce como «marketing narcisista», que se da cuando las decisiones de marketing se toman influidas por los intereses, gustos y comportamientos de los propios equipos de marketing. Muchos de los que toman las decisiones de marketing en las empresas tienen menos de 30 años y creen que el mundo es como lo ven ellos, con un protagonismo absoluto de las redes sociales como Instagram, TikTok o YouTube, y la adoración de las nuevas tecnologías, las plataformas digitales y todo lo relacionado con el ecosistema juvenil.

Así, muchas empresas venden productos dirigidos a consumidores mayores, sea ropa, coches, servicios financieros o productos farmacéuticos, y, en cambio, invierten grandes sumas en redes sociales y publicidad digital dirigida a jóvenes que, en muchos casos, no tienen la capacidad económica para realizar esas compras, o su interés por estos productos es nulo o marginal.

## Invertir en redes sociales para séniores

Un buen ejemplo de esta contradicción lo encontramos en El Corte Inglés, que, según algunas fuentes, es el mayor inversor en redes sociales en España, pese a que su público objetivo lo forman principalmente consumidores mayores que prefieren las compras tradicionales en las tiendas y no usan mucho las redes sociales. Se trata de un enfoque posiblemente basado en la errónea suposición de que los jóvenes influirán en las compras de sus padres o abuelos, lo que parece bastante absurdo en términos generales.

Es cierto que los jóvenes tienen un importante papel en la decisión de compra de algunos productos, pero no son el grupo de consumidores que más se interesa por comprar en El Corte Inglés. La desconexión entre los canales utilizados y el público objetivo provoca la ineficacia de muchas campañas publicitarias, que gastan su presupuesto en redes sociales, *metaversos* (si es que todavía alguien se acuerda del término), *infuencers* y otros similares. Y son muchas las marcas que malgastan presupuestos publicitarios en estrategias que no son las más adecuadas para alcanzar sus objetivos de comunicación y marketing.

## Los séniores como motor del consumo

En este contexto, hay que tener en cuenta una de las tendencias más poderosas y mal comprendidas del mercado actual: la *Silver Economy*, el mercado de los consumidores mayores de 50 años. Este grupo tiene un poder adquisitivo significativo, con casi todos sus miembros en la etapa final de sus carreras profesionales o jubilados, lo que les da una estabilidad financiera considerable. Las estadísticas muestran que los mayores de

50 años poseen una renta disponible superior en más del 40% a la de los consumidores más jóvenes, tienen una disposición mucho mayor al consumo, han acumulado riqueza y suelen tener un enfoque más pragmático y menos influido por modas temporales.

La *Silver Economy* representa una gran oportunidad para las marcas que desarrollen productos y servicios específicos para este grupo, pero las marcas continúan centrando la mayor parte de sus esfuerzos publicitarios en redes sociales y otras plataformas que no alcanzan estos públicos con la mínima eficacia.

## El rejuvenecimiento de la marca

Por el contrario, muchas empresas están convencidas de que todas las marcas deben «rejuvenecer», y las lleva a intentar crear una imagen joven y moderna, que en ocasiones les hace alejarse u olvidarse de los consumidores mayores, quienes, de hecho, son los que compran sus productos. La idea de que un joven de 20 años se convertirá algún día en el consumidor fiel de la marca es una entelequia que ignora el simple hecho de que, en muchos casos, las marcas no sobrevivirán el tiempo suficiente para que eso ocurra.

Además, ese proceso de «rejuvenecer la marca» suele llevar a un cambio constante de la misma, en lugar de crear una imagen sólida y de confianza. En bastantes casos desemboca en una espiral de promociones que debilitan la percepción de valor de la marca, y, en vez de construir una marca estable, consistente y de larga duración, terminan en una dinámica de precios bajos y promociones que erosionan sus márgenes y reputación.

## Un nuevo paradigma

Les Binet recuerda que el objetivo de una marca no pasa por llegar a la mayor cantidad de personas posible, sino alcanzar al público adecuado. Y en el mundo actual, esas personas son principalmente los consumidores séniores. Esto implica un cambio significativo en el *mix* de medios: menos inversión en plataformas de redes sociales y más en medios convencionales que realmente lleguen a este público, como televisión, radio, prensa y exterior.

Este cambio en los medios favorece otra conclusión que cada vez tiene mayor aceptación en el sector: las empresas deben dedicar un mayor porcentaje de sus inversiones al *branding,* o la creación y mantenimiento de la marca, y reducir su presupuesto de *perfomance,* o promoción directa de las ventas. Grandes expertos se declaran claramente partidarios de cambiar la tradicional regla del 60/40 que se ha seguido durante muchos años por un nuevo paradigma, 70/30: más de las dos terceras partes del dinero dedicado a la comunicación comercial de una marca debe destinarse al *branding,* y reservar solo un 30% para las acciones puntuales de promociones a corto plazo.

## Los séniores, clave para el futuro

En cualquier caso, es inevitable el crecimiento del *target* sénior. Los consumidores mayores representan una gran oportunidad de consumo y están reemplazando a los jóvenes como el grupo más importante para muchas marcas. Ignorar este hecho es una estrategia suicida que puede llevar a bastantes empresas a perder gran parte de su mercado potencial. A medida que la pirámide demográfica se invierte y la población mundial envejece, las marcas que no se adapten al cambio de enfoque y estrategia perderán terreno frente a sus competidoras.

Las empresas deben comprender y asumir este cambio y adaptarse a la nueva realidad del mercado, en vez de aferrarse a modelos obsoletos y a la fascinación con las audiencias jóvenes. Las marcas deben priorizar la conexión con los consumidores mayores, que, a pesar de estar históricamente olvidados, en la actualidad son los auténticos motores del consumo.

Las decisiones de marketing siempre deben justificarse con el objetivo de llegar a los consumidores correctos de la manera más eficaz posible. Y hay pocas dudas de que el *target* sénior es fundamental en el presente y el futuro del marketing. Todos los datos demuestran que en la actualidad ya tienen el mayor poder adquisitivo y que aumentará con el tiempo debido al envejecimiento de la población.

# 13

# UNA COSA ES VENDER, Y OTRA CONSTRUIR UNA MARCA

## La obsesión por el ROI, cuando una marca es para siempre

Una de las grandes obsesiones en el marketing y la publicidad actual es lograr el máximo retorno sobre la inversión (ROI) a corto plazo, que se identifica muchas veces con la venta. El problema es cuando se deja de lado la construcción de la marca, que es algo muy diferente, pues una marca es para siempre. Hay quien defiende que ambas cosas son equivalentes, pero no lo son. Vender es algo inmediato, táctico y ligado al corto plazo. Construir una marca es un proceso estratégico a largo plazo que tiene que ver con crear un vínculo emocional de confianza, credibilidad y lealtad con los consumidores. Una venta puede ser impulsada por una promoción o una oferta atractiva; una marca fuerte perdura y se convierte en un referente en su categoría. Hoy día, el gran desafío para las marcas es entender que lo urgente no debe desplazar a lo importante.

Ahí están productos como la Coca-Cola, una simple gaseosa, que lleva más de 125 años invirtiendo millones en publicidad, aunque podría pensar que ya la conoce todo el mundo, lo que es cierto. Incluso si ya todo el mundo conoce el producto, su presencia constante en el imaginario colectivo es la razón por la cual sigue siendo relevante, porque sabe que su valor fundamental está en la marca mucho más que el producto, por más que a veces se siga hablando de la famosa fórmula secreta.

El sabor de una Coca-Cola no es igual simplemente cambiando el envase, de una lata a una botella de cristal pequeña, en la de plástico de dos litros o la servida con un grifo en algunos bares. La temperatura afecta mucho al sabor, al servirse con más o menos hielo. También cambia entre países, en uno es más dulce, en otros tiene más gas, adaptada a los gustos de los consumidores locales. La propia empresa ha ido modificando el sabor y los componentes, y vende versiones sin azúcar, sin cafeína, sin calorías y con sabores añadidos (*Cherry*). Hasta se ha vendido sin gas y sin color, totalmente transparente (*Clear*, sin azúcar, sin calorías y sin colorantes). Seguro que extrañaría mucho probar cómo era y sabía el refresco hace unas décadas. El producto es muy simple y puede ser imitado, pero el éxito de la compañía reside sobre todo en esa marca que está desde hace décadas en las mentes de los consumidores de todo el mundo.

## El problema del marketing de *performance*

Actualmente, las empresas viven en un mundo donde la medición y la optimización son claves, y es comprensible que las marcas busquen resultados inmediatos que justifiquen las inversiones publicitarias. Pero este enfoque, cuando se lleva al extremo del fanatismo por el ROI, puede resultar peligroso, hasta el punto de que algunas empresas han transformado el marketing en una maquinaria de *performance*. Desde los anunciantes hasta las agencias, todos quieren medir hasta el más mínimo detalle de cada acción. Una visión tan estrecha de lo que constituye el auténtico éxito olvida lo más importante: la construcción de marca.

El ROI suele calcularse con los resultados a corto plazo, pero una marca no se construye en el corto plazo. Si las marcas se obsesionan únicamente con los resultados inmediatos, corren el riesgo de perder de vista lo que realmente mantiene su valor: la percepción de marca que perdura en el tiempo.

El marketing de *performance* está bien para ciertas acciones tácticas. Pero un modelo de marketing que solo se basa en métricas de rendimiento y ventas inmediatas está limitado a los márgenes del embudo de ventas, la parte más estrecha del proceso de compra, lo que también se conoce como *funnel*, basada en promociones y descuentos, y que puede ser muy efectiva para generar ventas rápidas, pero es insostenible si se aplica de forma continua. Las promociones desgastan la imagen de la marca, bajan el precio percibido de los productos y generan una dependencia del corto plazo.

## Un proceso a largo plazo

Este enfoque ignora la importancia de la fase anterior, mucho más amplia, la amplia boca del embudo que se suele denominar *branding* por la que entra todo lo que produce auténticos resultados a la marca. La construcción de una imagen de marca sólida es lo que crea las condiciones necesarias para que los consumidores se sientan motivados a comprar y elegir una marca sobre las otras que ofrecen productos similares. Es, en esencia, lo que construye la relación. Una marca fuerte crea una imagen en la mente del consumidor que resiste el paso del tiempo y permite a la empresa mantener márgenes saludables. Lo que de verdad mejora el ROI es crear una marca fuerte y valiosa, dotándola de un contenido que permita evitar caer en una permanente guerra de precios dejándola, la mayoría de las veces, a merced de la tiranía de la distribución, sea *online* o física. Esta relación es la que hace que los consumidores no solo compren el producto, sino que lo recomienden y lo defiendan.

Construir una marca es un proceso lento, premeditado y estratégico. Las marcas que han logrado perdurar, como Nike, Apple o Coca-Cola, no han basado su éxito en campañas de ventas agresivas. Han construido una identidad sólida que se ha implantado profundamente en sus consumidores. La publicidad de marca consistente y bien dirigida crea una percepción emocional que perdura mucho más allá de una campaña puntual.

## Los medios y el *branding*

¿Cómo se construye una marca? En este paso, la elección de medios tiene un papel crucial. Actualmente, muchas marcas confunden publicidad digital con marketing de marca, pero es importante aclarar que el marketing digital (buscadores, redes sociales, *display* e *influencers*) puede ser efectivo para ciertos objetivos, aunque no es el medio adecuado para construir una marca.

Los medios de comunicación de masas de siempre (televisión, radio, diarios, revistas y exterior) siguen siendo los canales más eficaces para crear y consolidar una marca. Son los medios que permiten llegar a grandes audiencias de manera consistente y duradera, creando impacto y reconocimiento.

No se trata de si son «digitales» o «tradicionales», pues lo realmente importante es la comunicación que se establece a través de ellos, al permitir repetir y construir adecuadamente el mensaje de marca, afianzándolo en la mente del consumidor y construyendo la confianza y fidelidad imprescindible para alcanzar el éxito. Los medios de masas, con su capacidad de crear repetición y exposición constante, siguen siendo los más eficaces para lograr crear y afianzar una imagen de marca sólida.

Por el contrario, herramientas como los buscadores o las redes sociales son más adecuadas para acciones de marketing directo y *perfomance,* pero no para *branding.* La diferencia es fundamental. Son buenos para captar la atención momentánea y realizar acciones tácticas, promocionales y de venta, pero no para crear una imagen duradera.

## Un marketing inteligente es el que construye marca

A lo largo de este libro se han abordado diferentes retos a los que se enfrenta el marketing actual. Desde la obsesión por el ROI a corto plazo hasta la falta de enfoque en la construcción de marca, son muchos los obstáculos que las marcas deben superar.

En cualquier caso, la clave del éxito radica en entender la diferencia entre vender y construir marca. El ROI no puede ser el único objetivo, porque a largo plazo lo que realmente importa es la marca.

La marca es lo que perdura. El marketing inteligente es el que invierte en la creación de valor duradero. Es el que construye una identidad sólida en la mente de los consumidores, que crea cone-

xiones emocionales y permite que una marca sobreviva a las vici-
situdes y los enormes cambios constantes del mercado.

> Una marca es para siempre. La verdadera clave del éxito
> no está en vender más rápido en un momento dado, sino en
> vender mejor, construyendo una marca fuerte y respetada
> que tenga un lugar en la vida de sus consumidores. Solo así
> las marcas pueden esperar una rentabilidad verdadera y sos-
> tenible a lo largo del tiempo.

# 14
# EPÍLOGO. RESPONSABLE LA EMPRESA ANUNCIADORA

## El anunciante debe ser consciente de las consecuencias y riesgos de su publicidad

A lo largo del libro se ha podido comprobar que los anunciantes y sus agencias deben concienciarse del riesgo y la responsabilidad que asumen al decidir sus inversiones publicitarias, pues tienen un efecto directo y claro no solo en la eficacia de las acciones y el ROI que se pueda lograr con ellas, sino también en el éxito de la imagen, valores y prestigio de sus marcas, así como en la repercusión e influencia que tiene sobre la sociedad en que vivimos.

Las redes sociales llevan ya dos décadas entre nosotros y no son ese fenómeno novedoso y rompedor en el que había que estar simplemente porque la tendencia era clara y llamaba la atención de todos los públicos y diferentes tipos de consumidores. Desde su aparición han cambiado y están modificando radicalmente muchas cosas en la sociedad: los estilos de vida, las formas de informarse y de comunicarse, las relaciones entre las personas... Bastantes de estos cambios resultan claramente negativos, hasta el punto de provocar preocupantes adicciones en un porcentaje significativo de personas, sobre todo en las edades más vulnerables e indefensas.

Australia ha prohibido el uso de las redes sociales a los menores de 16 años para proteger a los niños y adolescentes del acoso y de potenciales problemas de salud mental. Cientos de miles de perso-

97

nas, y bastantes empresas significativas, anuncian públicamente el abandono de alguna red social por sus perniciosos efectos sobre la sociedad en general, la polarización, la difusión de mentiras y otros graves problemas que está ocasionando. Basta recordar el papel de Cambridge Analityca (CA) y el escándalo provocado al descubrirse la utilización de Facebook para influir en las campañas promoviendo la salida del Reino Unido de la Unión Europea (Brexit), o la victoria electoral de Donald Trump en 2016.

## La retirada de las redes sociales

Algunos anunciantes han declarado públicamente la retirada de su publicidad de determinadas redes sociales, y en algún caso concreto se ha conocido que prácticamente dejaron de usarlas de forma generalizada en sus campañas de publicidad; decisión tomada no solo por la búsqueda de mejores resultados en sus inversiones publicitarias (ROI), sino también con el objetivo de responsabilizarse y no contribuir a los problemas que están causando en la sociedad. El anunciante es el responsable primero y último de la publicidad, y debe tomar conciencia plena de dónde está poniendo su dinero y cómo puede afectar positiva o negativamente a sus marcas.

La importancia de las marcas es hoy día mayor que nunca, y conseguir una marca notoria, valiosa, reconocida, admirada y querida por los consumidores es fundamental para el éxito de cualquier empresa, producto o servicio. Lograrlo es una labor que requiere mucho tiempo, conocimientos, experiencia e inversión, pero todo el esfuerzo realizado durante muchos años puede malograrse por una decisión equivocada. Constantemente, surgen empresas que sufren crisis que afectan seriamente a su imagen de marca; en bastantes ocasiones, superarlas es muy complicado, y no siempre se tiene éxito.

## Aprender de la experiencia

La experiencia y el análisis de miles de marcas permiten conocer los principios fundamentales que deben seguirse para tener éxito, aprendiendo cómo lo han hecho las mejores marcas desde sus comienzos. Y es aún más importante aprender de los errores cometidos por muchas compañías, para evitar repetirlos y no caer en ellos. Cuando los mercados cambian tan rápidamente es lógico emplear el clásico sistema de prueba y error, pero no tiene sentido repetir algo que ha demostrado ser un problema en vez de una solución.

Es evidente que la confusión de hablar de lo digital como un medio ha provocado que en bastantes casos la inversión dedicada a las redes sociales y buscadores *(search)* sea muy superior a la lógica impuesta por los objetivos de comunicación y los públicos objetivos a los que se quiere llegar. Todavía se habla de Internet como sinónimo de redes sociales, cuando Internet (o digital) es realmente un canal en el que actualmente están todos los medios de comunicación, desde los más clásicos, como los diarios y revistas en sus versiones digitales, hasta la televisión, la radio o la publicidad exterior.

Hay que dejar de confundir Internet y redes sociales, pues estas solo son uno de los medios digitales, y ni siquiera el de mayor inversión. La confusión provoca en gran medida que las redes sociales estén en muchos casos sobrevaloradas y reciban más inversión publicitaria que la que establecería cualquier planificación de medios lógica hecha en función de los datos de las audiencias y públicos a los que llegan, y, sobre todo, de la eficacia que realmente tienen.

La experiencia de Presidentex con las redes sociales demuestra que los cientos de miles de impactos contabilizados por sus mensajes y publicaciones son, en su inmensa mayoría, de personas que no llegan a ver completo un vídeo de apenas 30 o 40 segundos, pero son capaces de poner un «me gusta» o responder con mensajes más largos que el propio vídeo. Y eso que no se trata de anuncios, sino de publicaciones y contenidos en los que, en teoría, tienen interés.

Ocurre lo mismo con los *influencers,* que pueden ser útiles en determinados casos y para acciones concretas de comunicación, pero, por lo general, aportan poco o nada a la imagen de marca. Al contrario de lo que ocurría históricamente con los famosos y celebridades que se empleaban en publicidad, son excepciones los *influencers* que se identifican y están auténticamente comprometidos con una marca, lo que hace que en la inmensa mayoría de los casos su aportación a la imagen de marca sea prácticamente nula y su eficacia mínima, salvo en acciones concretas de promoción.

## La gran estafa

Expertos internacionales como Bob Hoffman han advertido en repetidas ocasiones de la escasa eficacia de las redes sociales y, sobre todo, de la enorme estafa que continuamente se produce en torno a ellas. Hoffman avisa que solo un 3 % de la inversión realizada en publicidad digital llega al público objetivo real, pues la mayor parte del dinero invertido se pierde por las plataformas publicitarias, redes de distribución, los *bots* y el tráfico fraudulento.

En eso último coincide con los análisis realizados por la WFA, la Federación Mundial de Anunciantes, que avisa repetidamente que el fraude de las audiencias ha alcanzado niveles tan alarmantes que en 2025 puede superar al dinero que mueve el narcotráfico. Casi el 49 % de la inversión en digital se pierde en los sistemas *AdTech,* que en teoría deberían garantizar precisamente las inversiones realizadas.

Lo peor no es que sea una enorme y gigantesca estafa y que haya más tráfico generado por *bots* que por personas reales. Para Hoffman, la publicidad digital es «corrupta, opaca y peligrosa» por la falta de transparencia, fraude y explotación de los datos de los consumidores. Y las marcas, en lugar de ser vistas como fuentes de información útil, son percibidas como ladronas de datos, lo que afecta negativamente a su imagen.

Hay otros grandes problemas añadidos no menos importantes, como la enorme huella de carbono provocada por las redes sociales, muy superior a la de los medios de comunicación tradicionales. Es algo que deben tener en cuenta las marcas y empresas que presumen de controlar al máximo sus procesos de producción para hacerlos lo más sostenibles posible, pero al tiempo provocan una gran contaminación al anunciarse en redes sociales.

## Competencia desleal

Además, el oligopolio de Alphabet y Meta supone un enorme problema al que se está tratando de poner algunos límites legales en Estados Unidos y Europa, hasta ahora con poco éxito, pues los mercados y las tecnologías son mucho más rápidos que los gobiernos y las legislaciones. Las multas y sanciones resultan anecdóticas comparadas con el descomunal poder y volumen de negocio de estas compañías, capaces de pagar mínimos impuestos mediante ingeniería financiera y de competir de forma injusta con los medios de comunicación tradicionales, que sí se hacen responsables de sus contenidos, y que ya les han interpuesto denuncias internacionales por competencia desleal.

Está también el «marketing narcisista» de algunos jóvenes directivos de marketing y publicidad, que piensan que el mundo es como ellos lo perciben y todo gira en torno a las redes sociales. No tienen en cuenta el poder cada vez mayor de la *Silver Economy*, los mayores de 50 años, que tienen una renta disponible superior en más del 40 % a la de los consumidores más jóvenes. Y que en su inmensa mayoría siguen dedicando su tiempo a los medios de siempre: la televisión, la radio, los diarios y las revistas, y usan mucho menos las redes sociales que los más jóvenes, que tienen un poder adquisitivo mucho menor.

## La responsabilidad de la decisión

En cualquier caso, la responsabilidad clara, directa, indiscutible e incuestionable es de los anunciantes, que son los que tienen el auténtico poder de decidir si siguen alimentando este pernicioso sistema o cambian a otro mejor para todos. Porque no es solo que pierdan dinero y sus inversiones publicitarias obtengan un ROI inferior al que podrían lograr con un plan de medios lógico y diseñado más acorde a sus objetivos de marketing y comunicación. Como se ha comprobado, hay muchas más y poderosas razones para revisar las grandes contradicciones que se producen y evitar esa trampa mortal para las marcas que pueden ser las redes sociales.

No se trata de dejar de hacer publicidad en las redes sociales de forma total y radical, sino tener en cuenta todos los factores que lleva consigo esa decisión, y asumir el compromiso de lo que supone cada euro que se invierte en publicidad. No vale la excusa de que es algo que deciden las agencias de medios, o que se ignoran otros factores más allá de tratar de llegar con los anuncios a un público objetivo determinado. Los anunciantes disponen de toda la información necesaria para saber las consecuencias que tienen sus decisiones.

Las redes sociales, prácticamente, no ejercitan responsabilidades propias ante sus contenidos al ser ajenos, lo que resulta insólito. Paradójicamente, eso aumenta la responsabilidad del anunciante, pues la mayoría de los ciudadanos entiende que la marca no solo es responsable de sus propios anuncios, sino de todas las burradas, falsedades, abusos, excesos, insultos y atropellos que se lleguen a cometer en la red social en la que se publica. La falta de veracidad del entorno contamina a la marca, que también se ve afectada por el habitual desprecio al principio de autenticidad de esos soportes y de otros perjuicios que desde estas plataformas se puedan causar a la sociedad, a la economía, a la privacidad de los ciudadanos o al medio ambiente.

Así, la responsabilidad social cae sobre los anunciantes y las marcas, que sufren un deterioro continuo de su imagen difícil de percibir por los equipos de marketing y, aún menos, por los máximos dirigentes de las compañías, pues se produce sin grandes saltos, pero sin detenerse en ningún momento. Hasta que resulta demasiado tarde recuperar la imagen perdida.

El anunciante tiene la responsabilidad y la solución: dejar de financiar con publicidad a empresas que tanto daño hacen a la sociedad, a la economía, a la verdad, a la ética empresarial, a la sostenibilidad y a los propios ciudadanos, incluidos los consumidores de sus marcas, la base que mantiene viva la empresa.

Y es que, como señalaba el clásico cartel que antes se veía en numerosas fachadas, «Responsable, la empresa anunciadora».

# BIBLIOGRAFÍA

AIMC. http://aimc.es

Alonso, L. E. y Conde, F. (1994). *Historia del consumo en España. Una aproximación a sus orígenes y primer desarrollo*. Madrid: Debate.

AMKT. Anuario del Marketing. Madrid, 2011-2024.

Anuncios (1999). *La mejor publicidad del fin de siglo*. Madrid: Publicaciones Profesionales.

Bassat, L. (1993). *El libro rojo de la publicidad*. Barcelona: Follio.

Bravo, J. (1994). *50 años de seducción*. Madrid: Vogue GQ.

Centro Virtual Cervantes. Museo Virtual de Publicidad. MUVAP. http://cvc.cervantes.es/artes/muvap/

Eguizábal, R. (1998). *Historia de la publicidad*. Madrid. Celeste Ediciones.

https://www.expansion.com/economia/financial-times/2024/09/05/66d9d285468aeb9a678b4582.html

IPMARK (2013). *50 años*. Madrid: Ediciones y Estudios.

Klein, N. (2000). *No Logo. El poder de las marcas*. Paidós.

Kottler, P. y Armstrong, G. (2008). *Marketing, Mercado y demanda*. Madrid: Pearson Educación.

Kottler, P. y Armstrong, G. (2018). *Principios de Marketing*. Madrid: Pearson.

Kottler, P., Kartajaya, H. y Setiawan, I. (2016). *Marketing 4.0*. Madrid: LID Editorial Empresarial.

McLuhan, M. (1964). *Understanding Media: The Extensions of Man*. The MIT Press, Cambridge. Massachusetts. [Trad. castellano: *Comprender los medios de comunicación: Las extensiones del ser humano*. Barcelona. Paidós.]

Medina, A. (2004). *Apuntes para un cambio de siglo publicitario*. Madrid: Cinca.

Medina, A. (2010). *Bye, bye marketing*. Madrid: Ediciones Pirámide.

Medina, A. (2016). *El futuro de la comunicación*. Madrid: Ediciones Pirámide.

Medina, A. (2019). *Introducción a la publicidad*. Madrid: Ediciones Pirámide.

Medina, A., González, F. J., Herrero, F., Plana, J. R. y Montañés, F. (coord.) (2022). *Silver Economy*. Madrid: Ediciones Pirámide.

Moliné, M. (2001). *La fuerza de la publicidad*. Madrid: McGraw-Hill.

Montañés, F. (2015). *Una historia de la publicidad y el consumidor en España*. Madrid: Asociación Española de Anunciantes.

Montañés, F. (2017). *Lo que aprendemos con la publicidad*. Madrid: Publicidad Sí.

Montañés, F. (2023). *Las campañas más eficaces. 25 años de los Premios Eficacia*. Madrid: Asociación Española de Anunciantes.

Montañés, F. y Barsa, M. (2007). *Una historia iconográfica de la música en la publicidad*. Madrid: Fundación Autor.

Nieto Churruca, A., Llamazares, O. y Cerviño, J. (1997). *Marketing Internacional*. Casos y ejercicios prácticos. Madrid: Ediciones Pirámide.

Ogilvy, D. (1984). *Ogilvy y la publicidad*. Barcelona. Ediciones Folio.

Packard, V. (1957). *Los persuasores ocultos*. Penguin Books.

Raventós, J. M. (1999). *Cien años de publicidad catalana*. Barcelona: Mediterránea Books.

Raventós, J. M. (2000). *Cien años de publicidad española*. Barcelona: Mediterránea Books.

Reeves, R. (1961). *Reality in Advertising*. Inc. N.w. Widener.

Roberts, K. (2005). *Lovemarks. El futuro más allá de las marcas*. Barcelona: Ediciones Urano.

Rodríguez, S. (2009). *Busque, compare y, si encuentra un libro mejor, ¡cómprelo!* Barcelona: Electa Random House Mondadori.

Tellis, G. J. y Redondo, I. (2001). *Estrategias de publicidad y promoción*. Madrid: Addison Wesley. Pearson Educación.

# SILVER ECONOMY

Oportunidad de oro para las marcas
*Agustín Medina, Francisco José González,*
*Fernando Herrero y Juan Ramón Plana*

## ÍNDICE

Presidentex. Un fenómeno mundial. *Silver Economy.* La economía de plata. De los *baby boomers* a la generación Z. El consumo de los mayores. Los mayores y la era digital. Los medios tradicionales. Las redes sociales y los *silvers*. La actitud de las marcas. La oportunidad de oro para las marcas. Una apuesta segura por el futuro.

## CONTENIDO

La *Silver Economy* es un fenómeno mundial que pocas marcas están aprovechando, cuando los mayores de 60 años son un *target* esencial para casi todas. Cuatro grandes expertos en comunicación analizan y explican en esta obra por qué la «Economía Plateada» es el presente y futuro de la mayoría de las marcas en casi todos los sectores.

2022; 104 págs.; 15,5 x 23 cm; rústica; código: 225304; ISBN: 978-84-368-4754-3

Si lo desea, en nuestra página web puede consultar el catálogo completo o descargarlo:

www.edicionespiramide.es

# TÍTULOS PUBLICADOS